かばんは ハンカチの上に 置きなさい

トップ営業が やっている 小さなルール

プルデンシャル生命保険株式会社
エグゼクティブ・ライフプランナー
川田修

ダイヤモンド社

外資系セールスマンに見えないと言われます

はじめに
新聞も本も読まない。手帳も薄くてざっくり。そんな私がトップ営業になれた理由

仕事ができる人が読む本といえば、何をイメージされるでしょうか。
「手帳で自己管理術」とか
「TO　DOリストを毎朝作り……」とか
「毎日会った人にハガキを書く」とか。

うーん。正直に言って、そこまでできるかな……という気がしませんか？
いろいろと工夫を凝らしたりすることは、素晴らしいことだと思います。
でも、残念ながら、私にはできません。
それでも、当時プルデンシャル生命保険史上最短で、営業の最高峰であるエグゼクティブ・ライフプランナーとなり、全国約2000名のトップセールスとして表彰も受けました。

面倒くさがりの私でも、トップセールスになれたのです。

実は、優秀な営業マン・ウーマンになるために、一般的に必要だと思われている「やら

なければいけないこと」は、あまり必要ではありません。

たとえば、新聞や本を読むこともその一つ。楽しくてやっているのであれば結構ですが、それより大事なことは、ほかにあります。しかし実際には、多くの人が、本当に大切なものを見失っています。

情報収集や机上の勉強よりも、もっと大切なことがあるのです。

「売れる営業のノウハウについて話してほしい」

ここ数年、「営業の勉強会」を依頼されることが増えました。そこでどんな話をするのか、その中身をこれから少しずつ書いていきたいと思います。

勉強会などで私が話した後、いつも参加者の皆さんから質問を募るのですが、その際に必ず出る質問があります。

「普段、どんな本を読んでいますか?」
「新聞は、何新聞を、何紙読んでいますか?」
「どんな手帳で、スケジュール管理をしているんですか?」

そのたびに、「参ったなあ。正直に答えたら、今日の勉強会の信憑性が失われるなあ……」と、申し訳なく思うのです。

新聞よりもいい映画を観ろ？　今日からできる仕事に役立つ具体的ノウハウ

冒頭から恐縮ですが、正直に告白しますと、本は年間3冊ぐらいしか読みません。月間ではありません、年間です。

しかも、その3冊ともビジネス書の類ではなかったりします。

わが家では、朝日新聞を取っています。しかし、もっぱら読んでいるのは、元営業職で、今は2人の子供の母親でもある私の妻。私はテレビ欄中心の愛読者。最近はテレビで番組表が見られるので、新聞には触ってもいません。

私の情報源は主にテレビです。

朝はみのもんたのＴＢＳ「朝ズバ」や、フジの「特ダネ」。夜はテレビ朝日の「報道ステーション」か、テレビ東京の「ＷＢＳ（ワールドビジネスサテライト）」。ただし、コメンテーターや解説委員のコメントや解説をうのみにせず、むしろ、疑ってかかるようにしながら観ています。

私は営業の仕事をする上で、**新聞やビジネス書を読むより、いい映画やドラマを観るほうが、よっぽど役に立つのではないか**と考えています。

手帳はごくありふれた手書きタイプの、薄いもの。時々、自分で書いた字が読めなくて、周りの人に「これなんて書いてあると思う?」と確認したりします。

携帯電話も、iPhoneのようなEメールやスケジューラーが充実しているものではなく、小ささ重視のごく普通のタイプのものです。


新聞も本も読まず、手帳もいたってシンプル。おまけにテレビばかり見ている。

……ダメだ、こいつ。そう思われた方も、多いかもしれません。

反面、「そんなヤツが、どうやって外資系生保でトップ営業になれたのだろう?」

——そう思われて、少し興味を持ってくださった方もいるのではないでしょうか。


私は現在、外資系保険会社で営業をしています。以前は違う業種で営業をしていましたが、前職でもトップセールスでした。

現在のプルデンシャル生命では、営業マン・ウーマンの年間チャンピオンで「プレジデント・トロフィー」、通称「PT」と呼ばれるものがあり、約2000人の営業マン・ウーマンの中でもっとも高い実績を上げた人に贈られる称号があります。

私は入社5年目のときに、この称号をもらいました。


ところが……。

2ページの写真のような、見た目も普通(外資っぽくないですねと、よく言われます)、本も新聞も読まずに、手帳もモバイルも駆使しない。

そんな人がどうしてトップセールスなんだろう？

その疑問に答えるべく、また皆さんにすぐにお役に立つようなアイデアを提供すべく、私の営業のすべてを、今回初めて一冊の本にまとめました。


今に至るまで営業マンとして意識してきたことを、実際のビジネスの現場でどう生かしてきたか、できる限り、具体的に書きつづっていきたいと思います。

また、成功した話だけでなく、そこに行き着くまでの失敗した話や営業の仕事で誰もが必ずぶつかる悩みとその克服法なども、包み隠さず書いていこうと思います。


難しいことではなく、誰でも明日、いや今日から真似できること。

それでいて、お客様に一目置かれ、やがて信頼され、結果トップセールスを誇れる営業マン・ウーマンになれるような、「ちょっとした」ノウハウをお伝えしたいと思います。

そして、この本を読み終えたときに「営業」という仕事の奥深さや面白さ、人と触れ合うことの喜びのようなものも、皆さんに感じていただけることと信じています。

この本が、皆さんの仕事や人生のヒントになることを願っています。

２００９年８月

川田修

かばんはハンカチの上に置きなさい　目次

第2章 「ちょっと違うこと」から気づく、大事なこと

第3章

営業マン・ウーマンは弱いものである
——自分の弱さを認めるということ

第4章 そんな私も新人でした。営業現場で一から学ぶこと

第5章 営業とは、お客様と物語を作る仕事である

第1章

相手目線で、ちょっと違うことをやる

冒頭で申し上げたとおり、私は本や新聞を精力的に読みこなすタイプの、いわゆる「できる営業マン」ではありません。

だからこそ、難しいことはせず、背伸びはせず、とはいえほかの人と同じではなく、少しだけ人と違うことをすることにしました。

それも、ただやるのではなく、徹底的にやるのです。

「ちょっとだけ違うこと」を徹底することで、ときには人と差をつけ、その積み重ねで今があると思っています。

奇をてらうのではなく、続けることが大事だと思っています。

では具体的にどんなことをしてきたのかをご紹介します。

土足で家に上がる営業

仕事で、お客様の自宅に行くことがあるという方はいらっしゃいますか？
もしくは、靴を脱いで上がるオフィスや店舗に伺うことがあるという方。
そういう機会は、結構多いのではないかと思います。
そんなときにお客様に「おっ！」と〝一目置かれる〟方法をお話ししましょう。

あなたは、仕事でお客様の自宅に行くときには、営業かばんを持っていきますか？
私も、営業かばんを持っていくことがほとんどです。

「お邪魔いたします」（礼儀の挨拶はしっかり！　が営業の基本ですね）
「どうぞどうぞ」
玄関で靴を脱ぎ、リビングや応接間に通されます。
さてここからは、おわかりのとおり家の中です。
「こちらにどうぞ」とすすめていただいた場所に座ります。
かばんを自分の近くに置いて……。
さて、このかばんが問題です。

なぜでしょうか？

ちょっと考えてみてください。そのかばん。

時間を戻して考えてみましょう。

ここに来るまで、どんなところにかばんを置いたのでしょうか。

外で携帯電話をかけるときに「地べた」に置いていませんか？

電車やカフェの中で足元に置いたり、ときにはトイレなどで床に置いたりしていませんか？


それって靴で歩いている場所ですよね。

そう、**営業かばんの底は、あなたの靴底と同じなのです。**

あちこち〝歩き回った〟かばんを、お客様の家の中に持って入るというのは、**靴を脱がずに土足で家の中に入っていくのと同じ**だと思いませんか？

そんな人が自分の家に営業に来たらどう思いますか？

私は必ず、営業かばんの中に白いハンカチを入れておきます。

かばんは、さりげなく白いハンカチの上に

そのハンカチを玄関で取り出し、そしてそれを自分の座るそばに敷き、その上にかばんを置くようにしています。

白いハンカチの上に営業かばん。

「そんなことしなくてもいいですよ！」

こうおっしゃるお客様がほとんどです。

この言葉はつまり、

「そんなことまでする営業の人は、今までうちに来たことがありません」

という意味でもあります。

実際にあるご夫婦のお客様にお申し込みをしていただいた際に、

「初めてうちに来てくれたときに、カバンの下にハンカチを敷いたでしょう。そのときに『川田さんのお客さんになりたい！』と思いました」

と、おっしゃっていただいたことがあります。

実はそう言われたのは今まで何回もあります。

もしかすると、私が帰った後、お客様はこんな会話をしていたのかもしれません。

「あの気遣いには驚いたね」

「ああ、きちんとしている人だね」

どうでしょう。お客様も気持ちがよく、自分自身も、営業マンとして一目置かれる。どちらにとっても嬉しいことなのではないでしょうか。


ただし。

もし明日から真似ようと思われた人に、一つアドバイスがあります。

「この人、自分の顔を拭いたりするハンカチをカバンの下に敷いてる！」なんて思われると、逆に汚い人と思われてしまうので、さりげなく話し中にポケットにあるハンカチを出して顔を拭くなどして、「別物」をアピールしたほうがいいです。

これ、恥ずかしながら私の失敗から学んだことです。

私たちは、「お客様」ではない

個人のお客様の自宅に訪問する際のお話を、もう一つしましょう。

私はお客様の自宅にお邪魔した帰りのとき、靴べらを使って靴を履くようにしています。

靴を脱ぐようなオフィスなどでも同様です。

営業、いや社会人のマナーとして、当たり前でしょう。

そうおっしゃる人もいると思います。確かにそのとおりです。

といっても、私の場合は、**お客様の靴べらは使いません。**

私のスーツの右ポケットの中にはいつも携帯用の靴べらが入っていて、それを使います。

なぜか。理由はシンプルです。

お客様の家のものを使うのは、その家に来た「お客様」がすること。

私は訪問者ではあっても「お客様」ではありません。

ですから、なるべくお客様のものは使用しないようにしています。

……なんていう、かっこいい理由は実は後づけのもので、元々は「きちんとした人」を演出するためのものでした。

営業かばんの下にハンカチを敷き、
帰るときにはお客様が「どうぞ」といって出してくださる靴べらを
「結構です」
といってポケットからマイ靴べらを取り出し、
「シュパッ、シュパッ」と靴を履き出ていく。

かっこよくないですか？

私ならそんな営業が家にきたら、人に話したくなるくらいの感動さえ覚えます。
というか覚えました。

それは私がプルデンシャル生命に入社する前に、生命保険嫌いだった私が、顧客として
プルデンシャル生命の営業マンから保険の営業を受けた14年前、28歳頃までさかのぼります。

靴べらでつかむのは、お客様の心

「自分は子供の営業マンだな……」

わが家を出ていく「彼」の背中を見ながら、私は心の中でそうつぶやいていました。あの光景は、今でも私の記憶に焼きついています。

28歳の頃の出来事です。リクルートでかなり実績を上げていた営業だったからこそ、「彼」との出会いは衝撃的だった――。

新婚だったわが家に初めて来た生命保険の営業の阪本さんは、私の妻の元上司。つまり、彼も私と同じ元リクルートの営業マンでした。

妻は独身時代から、プルデンシャル生命に転職した阪本さんの顧客でした。当時の私は「生命保険は人の命をお金に換えるもの」と一度も話を聞かずに毛嫌いしていたほど。結婚後妻からすすめられた私は、しぶしぶ、阪本さんに会ったのです。

阪本さんは、生命保険に興味がない私を、巧みに引きつける方法を持っていました。商品説明が上手とかそんな直接的なものではありません。保険をめぐる一つのエピソードを紹介しながら、とても自然に私の興味を引いていったのです。

1回目は商品の話などは一切せず、生命保険の役割や必要性の話で終わりました。私は、今まで保険について知りもしないで毛嫌いして悪かったな、と反省していました。人が人を思う気持ちを形にしたものの一つが生命保険、そう阪本さんから教わったのです。

2回目、阪本さんに自宅に来てもらったとき、初めて具体的な商品説明を受けました。話の中身はあまり覚えていません。阪本さんの営業には、**いわゆる「殺し文句」のような決めゼリフがあるわけでもない。むしろ淡々とお話されていました。**

どの分野でも、一流と呼ばれる人の動作には無駄がありません。とても洗練されて見える。彼の言動も同じです。自信に満ちた張りのある声や、カバンの留め金を音を立てずに開ける手際とか。

話も終わり、帰るときに玄関で、「では失礼します」と言う阪本さんに、私は靴べらを差し出しました。

すると、阪本さんは「結構です」と言って、自分の**スーツのポケットから小さな靴べらを出したのです。それでシュパシュパと瞬時に靴を履いて、さっそうと出ていきました。**

そのとき、私は「営業のプロ」に出会ったような気持ちになりました。**ただ、それだけの動作に、私は一流営業のオーラを感じたのです。**

「保険の内容や納得感よりも、あなたから保険に入りたい」

口にこそ出しませんでしたが、私はすっかりそんな気持ちになっていました。自分もリクルートでバリバリの営業だったにもかかわらずです。

ちなみに当時の私は、営業先で人差し指を靴のかかとに差し入れ、ひどいときはトントンとつま先で地面を叩いて靴を履くありさま……。

革靴のヘリは少しやわらかくなり、シワを作っていました。もう雲泥の差！　自分のそんな動作が、お客様にはどう映るかなんて考えたこともない、そこだけを比べても、まるで子供の営業マンでした。


さらに翌朝のことです。

仕事に出かける前に覗いた自宅のポストに、阪本さんからの手書きのハガキが入っていました。昨日の帰り際に、直接投函したようでした。

「今日は話を聞いていただき、ありがとうございます。私はまだまだ若輩者ですが、今後はお互い一緒に成長していきましょう」

そんな趣旨のことが、クセのある、失礼ながらすごく汚い字で書いてありました。

しかし私は彼のオーラに参っていたので、そのハガキの汚い字も、たぶん玄関近くの、書きにくい場所で必死に書いてくれたせいだろうと、そんな好意的な解釈までしてしまいました。その後再度訪問してもらい、気持ちよく生まれて初めて生命保険に加入しました。

小さな靴べらを持ち歩くことや短い文面のハガキなど、冷静に考えると些細なことです。でも、普通は靴べらなんて持ち歩かずに訪問先で借りる人がほとんどではないでしょうか。ハガキを書くのも（書くだけでも立派ですが）、会社に帰ってからか、もしくは次の日に書いて送るのが普通ではないでしょうか。

それを**「ほんの少し違うこと」をやるだけで、相手に与える感動は大きい。**

一流の営業は、相手の心をつかむ術を知り抜いているなあ、そう痛感させられました。

私は心をつかまれ、保険に加入しただけでなく、その2年後に「一緒に業界を変えよう」と言われ、転職までしてしまうことになりました。

私のポケットの中の靴べらは、14年前に心をつかまれた阪本さんの真似なのです。

そうそう、同じ職場で働くようになって知ったのですが、阪本さんの汚い字ですが、あれは彼の〝実力〟でした。

愛用している、折りたたみ式の携帯用靴べら

まず「普通の営業だったらどうするのか?」を考える

フルコミッション(完全歩合制)の給与体系の仕事ということは、会社の名刺で営業をするものの、身分としては個人事業主に近いものです。

前職のように、会社の看板を背負って働くというより、「川田修」というブランドを磨き上げなければいけません。生命保険という商品だけでなく、**お客様に「川田から買いたい」と思っていただく必要があるのです。**

一方、お客様は、いろいろな会社の、大勢いる営業担当者をいくつものふるいにかけて、商品の内容や値段のみならず、商品やサービスを買う人間を日々厳選しています。

そのふるい落としに最後まで残るには、いったい、どうすればいいのか。

商品の知識やその説明の仕方など、基本的なスキルを教わりながら、一方で私はそのことを考え続けていました。

「どうすれば、お客様に自分のことを強く印象づけられるのか」

それには周りにいる普通の営業の少し先回りをして、お客様に対して、「この人なんか違う」と何かしらの興味や感動を与えるしかない。そう考えた私は、**まず「普通の営業だったらどうするだろう?」と、常に自問自答することにしました。**

アポは2分遅れでも必ず電話を

たとえば、アポイントなど仕事でお客様と待ち合わせていて、自分が着くのが約束時間にほんの少し（たとえば2分）遅れてしまう……。

こんなとき、あなたならどうしますか？

今は携帯のサイトで何分の電車に乗ると目的地に何分に到着するか調べることができるので、それこそ1、2分の誤差の範囲で到着時間がわかるようになりました。

プルデンシャル生命に入社したての頃、そんな状況になった私は自分の中で、いくつかのシミュレーションをしました。

①約束の時間に2分遅れで到着し、特に何も言わずにいる営業の人
②約束の時間に2分遅れで到着し、「遅れてしまい申し訳ありません」という営業の人

皆さんはどうですか？

意外と①の人が多いのではないでしょうか？

「2分くらいなら」という気持ちはありませんか。

正直言うと、私はちょっとそう思います。

しかし、そう思うからこそ、そこで差がつくのです。

では②の人ならどうでしょう？

「それが普通だろう」という声が聞こえてきそうです。

そう、私もこれは普通の範囲だと思います。

では、それを超えた「お客様に自分のことを強く印象づけられる」対応はどんな対応なのでしょう。

私はこうするようにしています。

遅れることがわかった時点で「申し訳ありません。2分遅れてしまいます」と電話を入れて、実際にきっかり2分遅れで到着した後、きちんとお詫びする。

会社の担当者の方とのアポイントなどの場合、事務の女性が電話に出て、

「本日○○様に3時にアポイントをいただいているのですが、申し訳ありませんが2分遅れてしまいます。○○様にお伝えいただけますでしょうか」

このとき「少し遅れてしまいます」ではなく、「2分」とはっきりさせることが大事です。

冷静に考えると、こんなことは当たり前のことかもしれません。

しかし、そういう電話を入れると、「えっ？」と聞き返されることがあります。

たぶん、「2分くらいで電話してこなくても……」と思われるのだと思います。

つまりそれは「2分くらいでしっかり電話してくるなんてあなたくらいです」という意味なのではないでしょうか。

もしかしたらその後、

「○○さん、プルデンシャル生命の川田さんからお電話で2分遅れるそうです。しっかりした方ですね」

なんて会話をしていてくれるかもしれません。

もしかしたら

「うちの会社の営業にも、お客様に対してそんな対応をしてもらいたいな」

と思われているかもしれません。

これは本当は工夫でも何でもありません。お客様にお時間をいただいているのですから礼儀として当たり前のことです。

しかし、その**当たり前をきちんとすることで、なぜか評価していただけることが多くあるのも事実です。**

でも、何よりも一番いいのは、「絶対にアポイントには遅れないこと」ですので、くれぐれもお間違えのないように。

「かっこ悪い」お辞儀こそ、最大の武器

「当たり前のこと」で差がつく話が、ほかにもあります。

「今日はどうもありがとうございました」と言って、お辞儀をして帰っていく。

当たり前のよくある光景です。


ところで皆さんは、どのくらいお辞儀についてこだわっていますか？

軽い会釈だけで帰っていく人。

歩きながらお辞儀をし、結果、斜めにお辞儀をする人。

きちんと立って深々とお辞儀をして、「今日は、どうもありがとうございました」と落ち着いて挨拶をする人もいるでしょう。


私はお辞儀には特にこだわっています。というか思い入れがあります。

相手との別れ際、「どうもありがとうございました」と言って、その方に正対して、上半身をほぼ垂直に深く曲げて、相手より長い時間お辞儀をします。相手が頭を上げた時点

で、まだお辞儀している私を見たとき、より鮮明に印象に残るはずです。

正対していなければいけませんし、深く、長くなければいけません。

会釈のようなお辞儀のような……など、もってのほかです。

時間にすれば、**わずか2、3秒程度の差かもしれませんが、その小さな違いが大切**だと信じていますし、それを証明する方と出会いました。


メディアなどで活躍する有名な女性の方で、**私が初めて「お辞儀負け」した方**です。

その女性は美肌師という肩書きを持ち、多くの女性にとってのカリスマのような方です。ある税理士の方の紹介で、その女性と初めてお会いした際、ご挨拶と名刺を交換させていただきました。少し歓談させていただいた後、では失礼しますと申し上げ、別れ際、いつものように「ありがとうございました」と頭を深く下げたときのことです。

しばらくして私が頭を上げると、その小柄な女性は、まだ頭を深く下げていらっしゃいました。私はもうビックリして、あわててもう一度頭を下げました。

「負けた……自分はまだまだだなあ」

お辞儀は長さ勝負ではありませんが、その方の美しいお辞儀を間近で拝見し、そう痛感させられました。後日お邪魔した際にマネージャーの方から、初対面でのその方の印象を尋ねられたので、率直にこうお話したのです。

「一番驚いたのは、○○さんのお辞儀です。実は私は相手より少しでも深く、長くお辞儀することを日頃から心がけているのですが、○○さんのお辞儀にはかないませんでした。

そのお姿に、大変感動させていただきました」

テレビや雑誌などで大活躍されている方が、私のような一介の営業に対しても、初対面でとても礼儀正しく腰が低いことにも、心から感動していたのです。

すると、「川田さん、よくそこに気づいていただきましたね」とマネージャーの方が言われました。どうやら、多くの方は「○○さんから元気をもらった」とか、「すごくお肌がきれいですね」といった、テレビや雑誌のイメージとリンクしたような感想を口にされるそうなのです。

「実は本人はお辞儀にこだわりがあって『私は、このお辞儀だけでここまでやってこられたのよ』と言っているんですよ」

マネージャーの方は、そうお話しくださいました。

その方は証明してくださったのです。

当たり前の「お辞儀」を徹底することで、こんなにも大きな成功を収めることができるということを。

後日、その方のお店が銀座に移転された際、開店前のプレオープンに、妻とアシスタントを連れてお邪魔しました。本当に素敵な女性だったので、彼女たちにもぜひ会わせたかったのです。その際、その方の著書をお土産にいただきました。

早速その本を読んでいたら、なんとその本の中に私のことが書かれていたのです。

「ある外資系の保険会社に勤めるトップセールスマンにお会いしたとき、その方は、私のお辞儀の仕方を見て大変驚かれた。『私は、長年営業の仕事をしてますが、自分よりも深く頭を下げて、なおかつ、自分よりも後に頭を上げた人は、あなたが初めてです』と言われた、その営業の方は、お客様よりも頭を深く下げて、必ずお客様よりも後に頭を上げるということに徹してきたそうです。外資系の保険会社とはいえ、日本人ならではの繊細さ、折り目正しさが、彼の成績を伸ばしてきたのではないでしょうか――」

佐伯チズ著『願えば、かなう』（講談社）

私は本当に嬉しく思いました。と同時に、改めて感じ入りました。

人生の大先輩に対し、こういう表現は失礼かもしれませんが、「類は友を呼ぶ」と思ったのです。

その方のお辞儀に驚かされた私が、気持ちを率直にお伝えしたら、その方も同じことを感じてくださった。**彼女自身が、お辞儀を何より大切にしていたから共鳴した**のだと。**人は、やはり同じ価値観を共有できる人と出会うのです。**

特に営業という仕事はそういった機会に恵まれた仕事なのではないでしょうか。

この方との出会いは、私の営業において大きな転換点となりました。

社会人になりたての頃は、「長くて深いお辞儀なんてかっこ悪い」と思っていました。

私が子供の頃、父の会社に行くことがたびたびありました。父は従業員10名くらいの決してきれいとは言えない小さな工場を経営していました。そこで出入りするお客様に対して、深くて長いお辞儀をする姿を見るたびに「かっこ悪いなあ」「なんであんな長々と頭下げるんだよ」と子供ながらに思い、どちらかというと、そんな父の姿を見て嫌な気分さえしていました。

しかし私は、そのかっこ悪いと思っていたお辞儀のおかげで、不景気の中でも、大学まで学費を出してもらい、ご飯を食べさせてもらい、社会人になり、今に至っているのです。

今ではその「かっこ悪いお辞儀」の意味もわかるようになりました。

背中を見せてくれた父に感謝していると同時に、私も「かっこ悪いお辞儀」を、自分の息子にしっかりと受け継がせていきたいと思っています。

ちなみに、どんなイメージでお辞儀をしているかというと……。

エレベーターに乗り込み、お客様が見送ってくださる。よくあるシーンだと思います。閉まるボタンを押したら、「ありがとうございました」とお辞儀をして、扉が閉まりきるまで上げかけることもなく、深く頭を下げ止まった状態のまま、扉が閉まって消えていく。そんな感じです。

実はこれ、**自分の中にも変化が生まれます。**ぜひ一度お試しください。

エレベーターが閉まるまで、深々とお辞儀

スーツは仕事のためか、それともデートのためか？

先日ある雑誌で営業マン・ウーマンの特集が組まれていました。

普段は雑誌といえどもあまり読まない私ですが（俗に言うノウハウ本はあまり読みません。私には到底真似できませんから）、この本の原稿を書くにあたって買ってみました。

そこには2ページもさいて、営業の服装について書かれていました。

私が服装について考えていることにとても近かったので、少しホッとしました。


「川田さんは、（外資系の）イメージと全然違いますね」

初めてお会いした方々から、よくそう言われます。

外資系企業の営業職のイメージとは、いったい、どんなものなのでしょうか。

たとえば、おしゃれな海外ブランドの細身スーツ姿で、派手なネクタイにカラーや太いストライプのシャツ。帰国子女、もしくは海外留学経験があって英語が流暢。週3回のジムトレーニングを欠かさず、顔は精悍な浅黒さで、裸になると腹筋はきれいに割れている。趣味はヨットか、高級外車での都内クルージング。週の半分は、都内の高級フレンチか隠れ家バーで接待。

少なくとも、私の会社にはそんな人間はいません。たぶん……。

私のスーツは紺かグレーで、ワイシャツは白しか着ません。

現在の服装が私の定番になったのは、今の会社に転職してから。ちょっとした出来事がきっかけでした。

「外資系保険会社の人間は嫌いだ！」

朝の社内ミーティングで、ある先輩が、訪問先の社長から言われたと、話し始めました。以前、「海外ブランド風のスーツに、派手な色物のシャツを着たヤツが、外車に乗り、いかにも『自分は稼いでます』みたいな雰囲気で営業にやってきたんだ」とその社長が言ったそうです。私が入社して約3カ月頃のことでした。

「そんな人間に、万が一、自分の身に何か起こった場合の、保険の話なんてしてほしくないんだよ！」と、その社長さんは先輩に向かって、怒りながら言ったのだそうです。

この先輩は濃紺のスーツ姿が定番で、あまり色物シャツも着ない人でした。先輩はこう続けました。

「確かに、この社長さんが会った営業は極端な例だと思うけれど、言っていることには一理あるなと思いました。**人の生命に関わる金融商品を扱う人間が、服装で自己主張する必要があるのか**、ということです。たとえば、本当に自分の仕事を突きつめている人や、ある分野で頂点にまで登りつめた人たちを考えてみてください。たとえば、経団連の人たちを見ると、皆、紺かグレーのスーツに、白のワイシャツしか着ていない。将来、自分もそういう方々を相手に仕事をしたいと思うなら、やはり『郷に入れば郷に従え』で、私たちもスーツは紺かグレー。ワイシャツは白で、黒の革靴が基本ではないでしょうか」

大きな声ではっきりと挨拶をしたり、お辞儀をしっかりするのと同様に、**仕事上の服装は自分が主ではなく、あくまでお客様を主に考えるべきではないか。その服装自体が、お客様を尊重していることの表れじゃないか。**

この話が、当時の私にはそういう意味として響きました。

そんな私の当時のスーツはというと、前職の頃から着ていた、茶色やグレンチェックのスーツ約10着。特に意識もせず、自分が好きなものを着ていたように思います。

先輩の話を聞いてハッとさせられた私は、その日のうちに、スーツと色物シャツや茶色の靴を、全部処分しました。

代わりに、紺とグレーの夏用スーツを3着、それに白のワイシャツ数枚と黒の革靴を買いました。茶色は「不景気の色」と言われ、それを気にする中高年経営者には嫌われるとテレビで言っていたのを思い出したからです。

ちなみに、先輩の言うとおりに服装をガラッと変えたのは、当時、私だけでした。

今振り返ると、会社員から完全歩合制の世界に飛び込んだ不安や、緊張感のせいもあったのかもしれません。

ところが、**いざ服装を変えてみると意外なことに、対お客様ではなく、私の中にすぐに変化が生まれたのです。**

何かきちんとした、気持ちの引き締まる「よし、やるぞ！」といった、気持ちのスイッチが入ったような感じでした。

それから10年以上私は仕事では白のシャツに紺とグレーのスーツしか着たことがありません。スーツに入ったストライプもほとんど主張のない程度のものです。

（5年ほど前にオシャレ好きなお客様に、「川田君、白のシャツの質感がスーツに合ってないよ」と言われて、アドバイスどおりシャツをすべて替えたことはあります。私はオシャレではないので、残念ながらそういうことに疎いのです。もっと早くおっしゃってくれればよかったのに……。でも、ありがたいことです！）

これまでに服装についてお客様から聞かれたことが7、8回はあったと思います。

「川田さんは紺とグレーのスーツしか着ないのですか？」

そのたびに前出の先輩の話をさせてもらっています。

ある会社ではそのことがきっかけで、その会社の営業マン・ウーマン向けに勉強会をすることにまで発展したことがあります。

見ている人、感じている人は確実にいるということだと思います。

自分に視点を置くというのは、その日の仕事で会うお客様のことを考えるよりも、仕事の後のデートや飲み会、もしくは周囲の人に「こう見てほしい」と考えてする服装のこと。

一方のお客様に視点を置くというのは、お客様に嫌悪感を持たれずに好感を持ってもらえる服装をすること。

どちらに視点を置くかで、着るスーツの色が変わってくるのです。

そして、スーツを変えることで、自らの視点も変わってくるのです。

自分の個性やブランドイメージはとても大切なことなので、一概にダメとは言えません。

また、仕事の種類やお客様の年齢などにもよってそれぞれ違ってきたりします。

しかし、自分のお客様になりきったつもりで

「その服装は不快感を与えていないか？　勝手に自分の価値観だけで勘違いしていないか？」

と、一度考えてみる価値はあるのではないでしょうか。

普段の営業スタイル。白シャツに紺のスーツ

時計はすべて、黒革ベルトに銀縁、白フェイス

服装のことでお客様に「へ～、こだわってるんですね」と驚かれることがもう一つあります。

それは「腕時計」です。

これも阪本さんの影響です。彼は私の採用担当であり、マネージャーでもあるので一番影響を受けたことは事実だと思います。

ある日マネージャーブースの中で向かい合って話をしていたときに、ふと阪本さんが言いました。

「川田さあ。俺が営業マンのときあるお客さんから教えられたんだけどな。そのお客さんは自分で事務所を構えて、着実に成長していた税理士事務所の代表者だったんだけど。俺が商談していてプランの説明も終わり、質問にもきちんと答えて、そのお客さんも満足してくれているみたいだったんだけど、いよいよお申し込みというときに、突然言われたんだよ。『このプランには加入するけど、今日の阪本さんからは加入しない！』って。

当然『どうしてですか？』って聞いたんだけど、

『2人の営業がいるとして、2人とも見た目も全く一緒、プラン自体も一緒で話す内容も一緒。最後に申込書をスッと出しサインをお願いしますと言ったときに、

腕時計は黒革ベルトに銀縁、白フェイス

①一人の営業はスーツの袖口からロレックスのようなシルバーのベルトの時計が顔を出す。
②もう一人の営業は同じように申込書をスッと出し、スーツの袖口から黒い革のベルトに銀縁に白フェイスの時計が顔を出す。

あなただったら、これから毎月、長くお金を預ける商品を買うとしたらどちらの営業から買いますか?』と言われてな。

そこまで考えないといけないんだ!と思って衝撃を受けたよ。すぐに黒革のベルトで銀縁に白フェイスの時計を買いに行ったけどね。川田だったら、どうする?」

もちろん、その日のうちに買いに行きました。オメガの時計で黒革のベルトに銀縁、白フェイスの時計を……リボ払いで。

今では少しお金に余裕もでき、同じような時計をいくつか持っています。

年齢の若い方のときの時計、同じくらいの年齢の方のとき、私よりずっと年齢が上の方のとき、相手のお仕事の内容、想像ですが、相手の好みなどで、する時計を替えるようにしています。

ブランドが違っても、**すべて黒革ベルトに銀縁、白フェイスの時計です。**

あなたのライバルは誰か？

スーツに時計、そこまでこだわる理由は何か。

それは、私のライバルは、ほかの保険会社の営業職だけではないからです。

ライバルは、お客様とおつき合いのある（これからあるであろう）、すべての営業の人たちなのです。

相手が経営者なら、その取引先銀行や証券会社、デパートの外商や車のディーラーもそうかもしれません。

それらすべての営業の中で、

「この川田というヤツは、ちょっと違うな」

そう思われる存在でいるには……と考えて、創意工夫をしています（創意工夫とはいっても、多くはほかの営業の真似やそこに一味加えたものなのですが）。


多くの営業は、どうしても一方通行の仕事をしてしまいがちです。自分目線で考え、「お客様と自分」という一対一の関係でしか、自分の仕事をとらえられていません。

しかし、お客様は、私だけと会うわけではありません。お客様目線で考えれば、**お客様と営業は、「一対一」ではなく、「一対多（ｎ）」の関係。**さまざまな営業という職種の人が周りにいるのです。そんな大勢の営業の中で、どうすれば自分だけが頭一つ抜け出して、お客様に「この人は違うな」「この人から買いたい」と思っていただけるのか。

そう考えると、どんな些細なことも、想像し、考え、実践していこうと思えるはずです。

ただし、ただ単に奇をてらったり目立つことをすること＝印象づけることではありません。

相手の立場に立ち、何が喜んでいただけるのか、何に感動していただけるのか、そしてそこに自分の気持ちや営業姿勢が反映されているのか。

これらを考えて工夫することが、大事なのだと思います。

切手に乗せた、30年の重み

ある社長から、「このたび、65歳で代表権を譲って会長になりました」というお知らせをいただきました。

数年前、ある方のご紹介で一度だけお会いした際、社長ご自身が「65歳になったら会社を次に譲りバトンタッチをする。それができて初めて経営者としての仕事が終わるから」と、おっしゃっていました。

代表権の委譲は、実際にはさまざまな事情から引き延ばされるトップの方が多く、なかなか有言実行とはいかないものです。しかしながら、その社長は見事に実践されたわけで、正直、とても驚きました。

お会いしたときのお話からとても魅力的な方だと思っていました。できればもう一度お会いしたい、正直に言えば、どうにかしてそんな魅力的な方にお客様になってもらいたい。そう思っていました。

何か贈り物をしたとしても、回りの人もいくらでもそんなことはするでしょうし、だいたい、何度もお会いしていたり、すでにお客様であるならまだしも、一度しかお会いしていない方に贈り物をすることは、おかしいことだと思いました。

そこで、いただいたお知らせへのお礼を兼ねて、会長就任のお祝いのお手紙を出すことにしたのです。できれば心に響くような、喜んでいただける、そして「もう一度会ってみようか」と思っていただけるような、そんな内容のものにしたいと思いました。

その方の今の気持ちはどんな感じなのだろう？　そんなことに想像をめぐらせました。「30数年前に創業社長から今回のように社長という重責を若くして受け継ぎ、ずっと社員や社員の家族を守り続けてきた社長が社長の座を委譲する。ほっとしているのだろうか、寂しい気持ちなのだろうか、それとも不安なのだろうか」

代表権を委譲したその日、帰宅して一人になったとき、どんなことを考えるのだろうか？「今までで一番楽しかったことを想像して一人微笑んでいるのだろうか。今までで一番つらかったことを思い出して思いにふけっているのだろうか。それともご自分のお父様から引き継いだ当時のことを思い出しているのだろうか……」

私は経営者ではないですし、その方に比べればまだまだ経験も少なく、答えが見つかるわけでもありません。

しかしそんなことを考えた挙句、**社長に就任された年、今から30数年前のその年に発行された切手を探して、お祝いの手紙に貼ってお送りすることにしました。**

社長にご就任された年にどんなことが世の中で起こっていたのか、記念切手であればそんなことが反映されているはずです。私では想像できない30数年前の就任当時のことを思い出していただけるものになればと思いそうすることにしました。

切手商みたいなところを探し歩くと、当時の切手は額面も小さくて、7円とか15円とかのものばかり。今みたいな50円、80円切手はない。

私の汚い字で、でも丁寧に、思っていることを正直に言葉にし、お祝いの手紙を書きました。

封筒の表は、地味な色遣いの、小額の切手だらけの手紙になってしまいました。

後日、会長から直接お電話をいただき、実際にお会いすることになりました。

お邪魔させていただくと、

「君は、ああいうことを、誰かから習ったの？」

いきなり会長がそう言われました。

先日送った手紙、いや切手のことでした。

「いいえ、私のアイデアです。会長の社長ご就任当時には、いろいろなことがあったんですね」とお話しました。

「最初は、会長に目を留めていただきたいと思って、当時の切手を探していました。ところが、私の見たことがないような珍しいものばかりで、それらを見ているうちに、タイムスリップしたような気持ちになりました。そんな昔から会社を経営されてきて、私なんかには計り知れないようなご苦労を、会長は数多くなさったんだろうなあと、勝手に想像してしまいました」と。

私は何か会長との間に、映画のような物語ができたような錯覚を覚えました。

別に私が何十年も経営をしてきたわけでもなく、代表の座を譲ったわけでもないのに、なんだか本当におかしいのですが、目頭が熱くなったのを覚えています。

その数年後にその会社にお客様になっていただくことになりました。特にそのことが直接の要因というわけではないと思います。

しかし私が契約に至るまでその数年間、楽しくそのお客様に通い続けることができたのは、切手のおかげだったと思っています。

古い切手は切手商でまとめ買いしてある

営業とは、何者なのか？

川田という人間を自分からアピールできなくても、「お客様は見ている」という話をしたいと思います。

地方の法人のお客様のところに行くと、たいてい大きな駐車場があります。レンタカーを借りてお客様のところに訪問するとき、私なりに「ほかの営業とちょっと違う」ことを実践しています。

「えっ、そんなこと」と思われるような本当に簡単なことです。

たいていの場合、オフィスの一番近いところに数台分「来客用」とか「お客様用」と書いてある駐車スペースがあります。皆さんもご経験があるのではないでしょうか。

「靴べら」の話でも書きましたが、**私は自分自身を「お客様」ではない**と考えています。もうおわかりですね。そこには絶対に駐車しません。

ではどこに駐車するのか？

オフィスの入り口から一番遠い駐車スペースに、車を停めます。

なるべく入り口から近いところに停めたいと思うのが普通の欲求です。そのお客様のところに訪問する「本当に大事なお客様」も「普通の営業の人」も皆なるべく近くに停めたいのです。

では、その会社の従業員の駐車場などは、どこにありますか？

必ず入り口から遠いところにそのスペースがありませんか？　中には遠いだけでなく従業員の駐車場だけ舗装していなかったりするところもあります。

なぜか？

簡単です。「お客様」のためだからです。

「そんなことまで」と思われる方もいるかもしれません。

でもこれは実は「そんなことまで」ではありません。「当たり前」のことです。

ゴルフをしにゴルフ場に行かれる方ならわかるはずです。

業者・関係者・納入用の駐車場が、クラブハウスの一番近くにあるゴルフ場なんて世界中どこを探してもないはずです。

クラブハウスの一番近くの駐車スペースに何かの営業にきた人間が、堂々と車を停めたとしたら？　想像してみてください。きっと支配人に怒鳴られて、出入り禁止になるかもしれません。というかそもそもそんなところに車を停める業者の人はまずいないでしょう。

ゴルフ場にお金を払う人はお客様ですが、そのゴルフ場に何かを買ってもらう立場の人はお客様ではないということが「当たり前」になっている証拠です。

では雨が降っているときはどうするか？

当然雨が降っているときも一番遠いところです。というか雨のときこそ一番遠いところに停めます。なぜなら、雨のときこそ皆近くに停めたいと思うからです。

一度ある会社の社長さんが、私が訪問するといきなり

「川田さんていつもああやって車を遠くに停めるの？」

と、外の駐車場を指差して聞かれたことがあります。その方はトイレから偶然駐車場に車を停める私を見ていたようです。

次の日の朝礼でその私の話をされ、その日からその会社の人たちは、お客様のところに訪問するときは一番遠いところに車を停めるようになったそうです。

実はそんな私も、大型電器店やスーパーなどに買い物に行ったときは、入り口から1メートルでも近くに車を停めようと、ウロウロして駐車場を2周も3周もして、娘に「パパ、少しは歩かないとデブるよ」と注意されてしまうぐらいのぐうたらです(汗)。

座って待つのはお客様だけ

「こちらで少々お待ちください」
受付の人に連れられて、応接や会議室などに通されてお客様を待つことがあります。
席の横にカバンを置いて（土足ですからここではハンカチは敷けませんね）、
椅子を引き、
椅子に座る。

……ちょっと待った！

私の経験上、「座っちゃダメ」なんです。


前職のリクルート時代、私は所属部署でも〝有名な〟クライアントを担当することになりました。営業の先輩がマネージャーに昇進したことで、そのクライアントを引き継いだのです。

そのクライアントはある学校法人で、そこの理事長が名物理事長で、営業を育ててくれる厳しいお客様と社内でも評判の人でした。

それは引き継ぎが終わって初めてそのクライアントに一人で訪問したときのことでした。

受付の女性から「こちらでお持ちください」と応接に通されました。

私は応接の末席に座り、緊張の中その理事長が現れるのを待っていたのです。

すると5分くらいで、理事長が現れました。

私を見るなり
「お前！　何座ってるんだ！」

「お前は何様だ！　出ていけ！　二度と来るな！」

建物中に響き渡るくらいの大きな声で怒鳴りつけられたのです。

そのまま一言も話すこともなく、私は会社に戻りました。


会社に戻るとすでにその名物理事長から上司に電話が入っていて、私は何とも納得のいかない気分で、でも恥ずかしくてしょうがなかったということがありました。

次の日に朝一番で7時半頃（その理事長が出勤する前に待って）、上司と一緒に謝ったことを今でも鮮明に覚えています。

そのときは正直「何で？」という気持ちもあり、すぐには理解できませんでしたが、今は本当に感謝しています。

まさに「お前は何様だ！」なんです。

駐車場の話も全く同じです。

私たちは「お客様」ではない。

このことは、どんな場面でも、忘れてはいけないのです。

今ではたとえ10分待たされても30分待たされても、引いた椅子の前に立ち、決して座ったりせずにお客様を待つようにしています。

「あれ！　座って待っててください」とか、「そういう風に教えられてるんですか？」なんて言われることがありますが、そのときは名物理事長との話をさせてもらっています。

もし皆さんの中で明日からこれを真似する人がいると、同じように言われることがあると思います。そのときは「最近こんな本を読みまして」とこの本の話をしてくださいね。

スティックシュガーの行く先は?

もう一つ、会社に訪問して「私たちは、お客様ではない」という話をさせてください。

お客様のところにお邪魔すると、よくお茶を出されます。ほとんどの場合がお茶ではなく、コーヒーだったりします。

コーヒーには、紙スティックの砂糖とミルクがセットのように、一緒にソーサーの上にのってくることがあります。実は私はコーヒーがあまり得意ではありません。

なので当然砂糖を入れるわけですが、スティックの砂糖を入れると、袋の端を千切ったせいで、小さなゴミと大きなゴミができ上がります。そのゴミが私は気になります。

きっとお茶を入れてくれた女性が片づけにきて、お盆にのせ、オフィスの給湯室まで持っていく、そしてゴミ箱に捨てる。

もしかしたらお盆にのせるときに床に落としてしまうのではないか?

もしかしたら給湯室まで歩く間に風で飛んで落としてしまうのではないか?

そんなことを考え、スティックのゴミは大きいほうに小さいほうを入れ、そのまま自分のスーツのポケットにしまい、持ち帰るようにしています。

これはお客様の目の前ですることがほとんどなので、「いいですよ。置いといてください」と言われますが、「お客様のところでゴミを出すわけにはいかないので」と言ってポケットにしまい、何もなかったようにそのまま話をします。

それと、これはできれば皆さんに真似してほしいことなのですが、私は話が終わって帰るときに、**飲み終わった食器を、相手の食器のほうに寄せて帰るようにしています。**先ほどと同じですが、食器を下げる人がお盆にのせるときに、一カ所に集まっていれば片づけが簡単で、袖に食器を引っかけるといった失敗も起こりにくくなります。

子供の頃、お茶を飲んで食器を台所に持っていくと、母が「ただ下げるだけでなく、こうやって水を少し入れてすすいでおいてあげると、後で洗う人が茶渋がつきにくくて洗うのが楽なんだよ」と教えてくれたことがあります。

大学時代、当時つき合っていた彼女の家に遊びに行ったときにそれをしたら、その子のおばあちゃんに「こいつはいい男だ！」と、異常にほめられたことがあります。

そのときは、何をほめられたのか、あまり意味がわかりませんでした。

一昨年家族でスイスに旅行に行ったとき、現地のガイドさんがとても日本びいきな人で「日本のどんなところが好きですか？」と聞いたときに、

「日本人はお互いを尊重し合っていますね。そこが素晴らしいです」と、言われました。

ヨーロッパはきれいなように見えて、世界遺産のような場所でも、石畳の道をよく見る

とガムが落ちている痕がたくさんあるけれど、日本のお寺などに行ってガムが落ちているのを見たことがない。公共の乗り物などにもゴミが落ちていたりしない。

サッカーを日本で見に行ったときにスタジアムのゴミをほとんどの人がきちんとゴミ箱に捨てて帰るのには驚いた。

とガイドさんは指摘しました。それを彼は「尊重し合っている」と表現したのです。

一つの小さな行動が、次に対応する人の労力や感情を救う。

もしみんなが、そのように行動できたら素晴らしいことだと思うのですが、皆さんはどう考えますか。

断っておきますが、私は決して几帳面ではありません。もし「私は几帳面です」なんて言ったら、私をよく知っている人は即座に否定するでしょう。

特に家ではかなりのぐうたらだと自分でも認めています。もしこの本を家族が読んだら、真っ先に娘が「パパ本当にこんなことしてるの～？」と、突っ込んでくることが容易に想像できます。それでも私はその切り替えが、自分のいいところと割り切っています。とはいえ、ぐうたらな面をもし娘が受け継いでしまったら、どんな女性になるのか……ちょっとだけ心配です。

カップはそっと端に寄せて、ゴミは持ち帰る

名刺の「裏面」で距離を縮める

相手はどんな人なのか、少しでもわかると、商談は弾みます。

また、自分がどんな人なのか、少しでも伝えられると、商談が弾むはずです。

しかし、いきなり自己紹介をしては、相手もまだ私に興味もないのに引かれてしまうだけでしょう。

どんな趣味があるのか？　どんな経歴なのか？　お客様に「ところでご趣味は？」などと、いきなり質問しても怖がられてしまうかもしれません。

そんなとき、**ごく自然に、お互いのことを情報交換できる方法があります。**

今は会社のルールによりやっていないのですが、入社当時には非常に効果的だったアイデアを紹介します。最初にお話ししているように難しい方法ではありません。誰でも明日からできる方法です。

私の名刺の裏側には、こんなシールが貼ってありました。

名刺の裏は、お客様との「共通点探し」の場

いわゆる宛名シールを利用したものです。

名刺交換はたいていの場合することだと思いますが、中には裏を見てくれない人も結構いらっしゃいます。

その場合は、名刺交換した後、「私の簡単なプロフィールは名刺の裏に書いてあります」と一言つけ加えると、100パーセントの人が見てくれます。

そして不思議ですが、これを見ると、**ほとんどの人が「自分との共通点」を探そうとします。**

初対面の人との共通点を探そうとするのは、日本人の習性なのかもしれません。

飲み会やコンパ、何かの会などに行くと、必ずといっていいほど、共通の知り合いや、出身地、趣味など相手との共通点を探したりしませんでしたか？　皆さんにも一度はある経験ではないでしょうか。

少しでも共通点を見つけると、皆そこについてコメントをしてきます。

このことで、相手がどんな人なのか、少し、わかるようになります。

また自分がどういう人間なのか、少し、伝えられます。

この「少し知り合う」効果は想像以上に大きく、相手の警戒心が明らかに弱くなるのがわかります。

名刺の裏に書く内容は、重要です。

後輩にも真似をしている人がいますが（元々は私も誰かの真似をして始めました）、「犬1匹」とか「フルーツ」「麺類」と抽象的なのには、少々寂しさを感じます。

より具体的に会話をするためには、こちらから提供するネタも、より具体的でなければいけません。

そのため、「ジャック・ラッセル・テリア」や「パイナップル」「ラーメン」まで書くほうがよいと思います。

「リクルートの出身なら、○○さん知ってますか？」とか

「うちもジャック・ラッセル・テリア飼ってるんですよ〜！」とか

「ラーメンがお好きなら、この近くに、結構評判の店がありますよ」とか。

さまざまなその人の情報が入ってきます。人それぞれ、名刺の裏に反応する部分が違います。そこにも人となりが出て、興味深い。

さらにいろいろと話が広がると、本当にもう初対面ではなくなります。

「実は保険にはあまり興味がないんですよね〜」

なんて話をしてくれたりすると、こちらも気楽に

「そうですか。そうですよね。でもまあ、せっかくなので少しだけ面白い話してもいいですか？　先日うちの犬が〜」

なんて感じで、逆に話がしやすくなったりします。

名刺はスペースの決まった小さなものですが、利用の仕方によって、相手との関係の広がりは無限です。

まさに名刺は、相手との情報交換の場所。そこにどんな情報を載せて相手との距離を縮められるかは、その後の関係に大きな影響を及ぼします。

席について最初の5分。緊張した空気の中「どうしよう」「何から話そう」と思うことが多い人は、ぜひ試してみてください。驚くくらい、**自分も相手も楽になる**と思いますよ。

レベル10とレベル11の営業。その1の差が、とてつもなく大きい

あるラインを超えた瞬間、人は興味を持つ――大手広告代理店の方から、そんな話を聞いたことがあります。

たとえば、ある商品のテレビＣＭを１００本流すと、10の効果があるとします。では、同じＣＭを２００本流したら、20の効果が、３００本流すと30の効果があるのかというとそういうように比例するものではないそうです。

テレビＣＭは何本以下なら、全く効果がないのだけれど、何本以上になると急に効果が出るという傾向がある。そんな基準ラインみたいなものが、車や化粧品など宣伝する商品別にあるらしいのです。

その話を聞いたとき、「私の、営業に対する考え方に似ている」と思いました。

テレビＣＭ同様、**ある一定レベルを超えると、お客様が「この人、ちょっと違うな」と興味を持つ。そういう基準ラインを、お客様が持っているということです。**

お客様の中に基準ラインを作っているのが誰かというと、いわゆる「普通の営業」の人たちです。お客様はさまざまな営業を受けながら、自然とその基準ラインができ上がっているのです。

その基準ライン以下の営業は、特に印象に残らず、すぐに忘れられてしまう営業になってしまう。私はそう考えています。

ではその差はどのくらい大きなものかというと、実はとっても小さなものだと思います。ただその基準値をほんの少しでも超えることができれば相手に興味を持ってもらえるのだと思います。

しかし、たとえばその基準値レベルを「10」とした場合、レベル「10」以下では、「10」も「5」も一緒にされてしまう。特に相手の印象に残らない、という点ではちょっと丁寧なレベル10の人も、さえないレベル5ぐらいの人も、どちらも同じグループに入れられてしまうのです。

私は、お客様から見たときに、いつもその基準ラインを超えた存在でありたいのです。だから、「普通の営業」との小さな違い、たった「1」の差を積み上げて、いつもレベル「11」以上の営業でありたい。そう思って、普通のことを「とことん」極めようと考えているのです。

くれぐれも言っておきますが、**基準ラインをレベル「10」としたとき、レベル「20」が必要かというとそうでもありません。**

レベル「11」あれば十分なのです。

レベル「20」以上の人は、それこそ「できる営業の10の法則」といった本を出版するような、ずば抜けた才能を持った人でしょう。

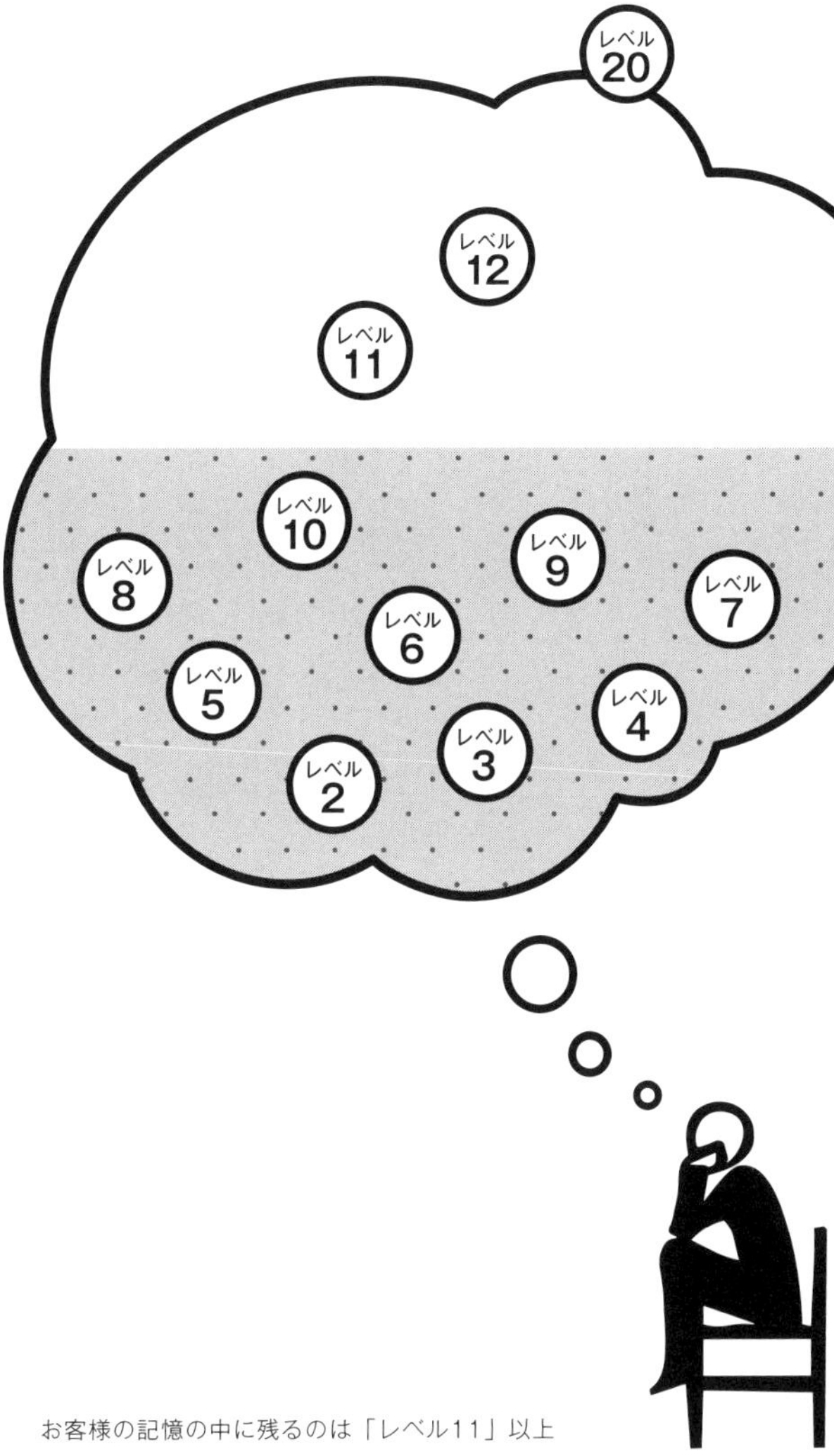

お客様の記憶の中に残るのは「レベル11」以上

クイックレスポンスの前に、やるべきこと

最近、何事においてもクイックレスポンス（迅速な対応）がよい、みたいな論調があるようです。私も大切だとは思います。それ自体に反論するつもりはありません。しかし、**それ以上に尊重すべきは、迅速な対応をされるお客様の状況です。**

「とにかくすぐに行動する」のと、**「一度相手の立場を考えてから行動する」**のは一見似ていますが、実は全然違います。

そこで優先すべきは、やはり自分目線ではなく、相手目線で動くということ。

一つ行動を起こす前にちょっとだけ考えるのです。

たとえば、お客様から電話が入って、折り返しの電話をする。

その前にこんなことを考えるのです。

（今お客様はどんな状況だろう？）

（今すぐに電話をしたらどんなことが起こるだろう？）

（何のために電話をくれたのだろう？）

まず想像で相手目線のフィルターを通して、次に自分のアイデアを加え、さらにそれを実行したときに、相手がどう思うのかというフィルターを、最後にもう一度通す。それぐ

らいした上で、行動を起こす必要があります。

メール１本送るのも同じです。

自分の表情や声音といったニュアンスもなく、ただ文字だけが相手に届くものだからこそ、思わぬ誤解を与えないように慎重になるべきです。

特にメールの場合、送る側が自分の都合ばかりを、一方的に相手に説明するだけのものになりがち。電話以上に注意が必要です。

たとえば、相手が慌しい職場のパソコンを見ながら、自分が送ったメールを読んでいる姿を、一度想像してみる。

どんな顔つきでそれを読んで、いったいどんな気持ちになるだろうか。それを近くで観**察している自分を、あくまで気持ちの上で、相手の会社まで「偵察に行く」イメージです。**

相手が自分のメールを読みながら、「ああ、○○さんらしいなあ」と、目を細めてつぶやいている。私の場合は保険という商品を扱っていることから「しっかりしているなあ」（安心感）と感じていただけるように心がけています。

電話するのもメールを打つのも、何か行動するのも同じ。

とにかく**相手の目線で考えることを一番にする**こと。その後に、クイックレスポンスが生きてくるのだと思います。

留守番電話サービスセンターの人は誰？

先日、後輩に用事があり電話をしました。会社に連絡をして電話番号を聞き、番号をメモって電話をしました。後輩は商談中なのか、電話に出ずに留守番電話になりました。

「留守番電話サービスセンターに接続します。発信音の後にメッセージを録音してください。録音を終了するには……」

ドコモの人の声で応対のメッセージが流れました。

（あれ？　これって○○君の番号だよな？　携帯電話番号合ってるよな？）

話の内容もプライベートなことなのでちょっと不安になり、電話を一度切って、もう一度メモを確認してから電話しました。

結局、その留守番電話にメッセージを残すことになりました。

後輩から折り返し電話があり、初めて安心できました。

その後輩が、後日会社で私のところにやってきて、

「川田さん。一つお聞きしたいのですが、何か僕の電話の応対で気になったことはありませんでしたか？」

「どうしてそんなこと聞くの？」

「僕たちの仕事ってお客様とのコミュニケーションの最初が電話なので、重要なことだと思ったんです」

なかなかの視点と勉強熱心さです。

「特に問題はないと思うよ。……でもね、留守電はちょっと気になったかな」

私はその場で自分の携帯からハンズフリーにして、彼の携帯に電話をしました。30秒近く呼び出し音が流れ、例のドコモの留守電メッセージにつながりました。

「まず、留守番電話に切り替わるのが遅いよね。自分が友達なんかにかけたときでも、長く呼び出しがあった末に留守番電話になると『なんだよ、出るかと思いきや、結局留守電かよ！』って思うことない？」

後輩は、黙って痛そうな顔をして聞いていました。

「それと、この留守電のメッセージ、○○君の電話で合っているかどうか不安になったよ。**自分の声で応答メッセージを入れておいてくれれば、そんな心配しなくてすむ**と思うんだけどね。特に生命保険の件で電話をしてくるお客様にとっては間違いでも、ほかの人にメッセージを聞かれたくないと思うんだけど……どう思う？」

別にお客様がそこを評価してくれるとは思いません。しかし、お客様にいらないストレスを感じさせるのは、よくないことです。

もっとひどいと思うのは、「伝言メモ」です。携帯の中にメッセージを残すもので、

「……メッセージを20秒以内で……」

メッセージを残そうとして途中で20秒たってしまい「ピー」と打ち切られてしまったり、妙に早口でメッセージを残したり、「あー！ もう！」と思ったことは誰でも経験があるはずです。

「留守番電話を聞くのはお金がかかるけど、伝言メモを聞くのはお金がかからないから」友達や身内としかやり取りをしないならわかりますが、その理由は、完全に自分目線でのものの考え方です。

2日後、別件でその後輩に電話をかけることがありました。

呼び出し音が鳴り、数秒で留守番電話につながり、メッセージが流れました。

「はい、○○です。お電話ありがとうございます。ただいま電話に出ることができません。メッセージをお残しください。ピー」

彼の声のメッセージに変わっていました。

正直とても嬉しく思いました。

よかれと思ってアドバイスをしても、人それぞれの考えもありますし、丁寧にアドバイスして「細かい人だなあ」と思われるのも嫌なものです。

しかし、**その細かいことの積み重ねで、その人のブランドイメージができ上がっていき、ほかの人たちと大きな差がつく**ことは確かなことなのです。

アポキャン電話こそ大歓迎

苦労してやっと取れたアポイントの初回訪問。
スケジュール調整が大変だった上司と同行する予定のアポイント。
今まで商談を進めてきたお客様のお申し込み予定日。
こんな具合に、気合の入ったアポイントは、誰にでもあるのではないでしょうか。

そんな日の朝、そのお客様から電話がかかってくる。
想像するだけでも嫌な感じですね。
「もしかするとキャンセルかな?」そんな予感がよぎります。
おそるおそる電話に出てみると、
「申し訳ないんだけど急用ができて、別の日に変更してもらえますか?」
(やっぱり!)

営業の仕事をしていれば誰でも必ず経験する一場面だと思います。
こんなときあなたならどんな対応をしますか?

理想的なのは、予定通り今日会えて、訪問できることです。

これは、ほぼ不可能だと思います。


ではどんな対応がいいのでしょうか？

私はアポキャンの電話は歓迎するようにしています（心の中は違いますよ。皆さんと同じです）。歓迎するというのはどういうことかというと、**その瞬間だけでもいいから「明るく対応する」**ということです。

どうせ今日のアポイントはなくなるんです。変にごねても相手の気分を損ねるだけ。何よりも、お客様はどんな気持ちでその電話をかけてきているのかを考えてみてください。多くは、「申し訳ないな～」と思われているのではないでしょうか。

自分が逆の立場で何かのアポイントを断るとき、「（電話）かけにくいなあ～」なんて思ったことはないですか。

お客様も同じはずです。そんなときに相手に「え～、何で～」という感じの応対をされたらストレスなのではないでしょうか？

ですから
「そうですか。全然問題ありませんよ」と私は明るく対応します。

さらに
「私は忙しい人が好きですから、お会いできるのが楽しみです！」

嫌味に聞こえないよう気をつけつつ、こんな一言をつけ加えるようにしています。

実は、この一言が大切。

なぜなら、この一言は、**「会うことが前提」のセリフだから**です。

でも私は営業マンですから、それだけではいけません。

「ではいつのアポイントにしましょうか？　○日と○日ならばどちらのほうがご都合よろしいでしょうか？」と、必ず次のアポイントを、いただくようにします。

前段の対応があるから、代わりのアポイントは、もらいやすいはずです。

そして最後に忘れずに、

「お仕事がんばってください！」とか
「寒いですけどお体に気をつけてください」といって、さわやかに相手を気遣って電話を切るようにします。

お客様にしてみたら、歓迎されないとわかっている電話をしたのに、明るく対応してくれて、最後には自分を気遣ってくれた。

そんな営業なら次は絶対に会おうと思ってもらえるかもしれません。

これなら、**アポイントはキャンセルになったけれど、商談は一歩進んだ。**

そんな気がしませんか？

携帯からのメールは注意

電話一つとっても、小さなことの積み重ねで営業への印象が変わってくることが、イメージしていただけてきましたでしょうか。

今度は「メール」のお話です。

メールといっても、携帯電話でメールを打つときのお話です。

皆さんは、携帯からお客様のデスクのパソコンに、メールを打つことはありますか？

外出中などはあり得るのではないでしょうか（私の会社では、携帯で会社のシステムにアクセスし、自分の携帯からお客様にメールを転送できるようになっています）。

私には、これがなんとなく変な感じがするのです（携帯からお客様の携帯にメールを打つ場合は別だと思いますが）。

私はそういう世界（デジタルな世界）にそんなに明るくないせいか、携帯メールからパソコンにメールを打つと、

- **いったいどんな書体で表示されるのか？**
- **ちゃんと改行はされているのか？**
- **文字数が妙に少なすぎて失礼ではないか？**

と変に気になってしまいます(几帳面どころか、典型的な大らか大ざっぱのO型ですが)。

事実、たまに自分のオフィスのパソコンに、誰かから携帯メールが届くと、ズルズルと一行が長ったらしく、それでいてそっけないメールだったりすることがあります。

当然、受け取る側としては「これは携帯メールからだな」とわかるわけですが……。でも自分が送ることを考えると気になります。

どうしても携帯からなので、文頭の挨拶などもほどほどに、用件も簡素になりがちです。

前述のとおり「レベル11」以上を意識している私には、気になるのです。

そこで、携帯からお客様のパソコンにメールを入れる場合は、必ず最後に**「言い訳」の一文**を入れて送っています。

「外出中のため携帯からメールを転送させていただきます。簡単なメールで失礼いたします。」

このような文章を定型文として登録しておいて、お客様のパソコンにメールする場合、最後につけるようにすれば、これなら多少素っ気なかったり、用件だけの短い文章でも、自然と納得してもらえるのではないでしょうか。

このことでお客様に「気が利いていますね」などと言われたことは、特にありません。

携帯からのメールは“言い訳”の一文を添えて

もしかしたら、あまり意味のないことなのかもしれません。

しかし、個人のブランドイメージは本当に小さいことの積み重ねで、でき上がっていくのだと思います。

それこそお客様も言葉に出せないくらい思い出せないくらいの、小さなことの積み重ねで……。

ゴルフ場で、「ナイスショット！」なんて言わない

本当は皆さんに「接待で食事に行ったとき」とか「お客様と飲みに行ったとき」とか少し仕事を離れたときのことをお伝えしたいのですが、残念ながら私はほとんどお客様と食事に行ったり、飲みに行ったりしません。

意外と思われるかもしれませんが、せいぜいランチをご一緒するくらいで、お酒となると本当に年に3、4回程度だと思います。

それゆえ、そういった場での「技《わざ》」は持ち合わせていません。

仕事の場を離れたところですと、「ゴルフ」があります。

私自身ゴルフが大好きなので、お客様とゴルフに行くことはたまにあります。でもそれもプライベートで一緒にプレイをするといった感じで、いわゆる「接待」ではありません。しかし、そのときの「技」は、皆さんにお伝えしても面白いのではないかと思います。

お客様とゴルフに行ったとき、やたらと「ナイスショット！」と、漫画のように見えすいたお世辞を言う人がいます。私はそういったお世辞は一切言いません。むしろ相手に無礼だと思うからです。

本人もナイスショットかどうかはわかっているわけで、仮にそうでもないのに、そう言われたら、きっと不愉快なはずです。もし自分が言われる立場だったら……そう思うと、なおさら言えません。

逆に「今のはあたりが少し薄かったですかね」とか言ったほうが「ちょっとね。もう一つかな」と、話がスムーズになります。

なぜならナイスショットでないときは皆、「俺の実力はこんなもんじゃない！」と思っているもの。

だから「あなたが本領発揮すれば、こんなもんじゃないですよね」と、とれる言葉のほうが、よっぽど気分がいいものです。

本当にナイスショットのときは別です。

言った自分が気持ちいいくらいの「ナイスショット！」を叫びます。

それよりも大事なのは、**自分自身が「楽しく」「明るく」「さわやかに」そして早くプレイをすることです**（本当は「早く」というのもとても大事なのですが、ここでお伝えすることではないので、ゴルフマナーに詳しい人に教えてもらってください）。

具体的には

・ＯＢを打っても落ち込まず、楽しそうに暫定球を打つ

・ミスショットをしても、一瞬悔しがった後に「実力、実力」とさわやかに次へ向かう（一瞬は悔しがってもいいですよね。そうでないと人間らしくないですから）
・10打とか叩いても、明るく「10です」と答える（本当は心で泣いてますけど……）
などなど。

特に、**ゴルフにおいては、ミスが出たときにその人の本性が出ます。**「この人はミスが起こると、こういう対応をする人なんだな」と思われてしまいます。自分目線ならば、悔しがるのも落ち込むのもいいでしょう。しかし、ゴルフは4人で一緒に進めるスポーツです。ましてやそこにお客様がいるとなれば、不快感を与えてはいけません。

ゴルフは下手だからということで、誰かに不快感を与えることはまずありません。不快感を与えるとしたら、それ以外の行動にあるということを覚えておいてください。

ラウンドが終わって、たった1打差とかで自分のほうがスコアがよかったときなど（私は全力でゴルフを楽しみます。わざと負けるなんてことは絶対にしません）、ホールアウト後、「もうちょっと練習してきてくださいよ」とか「今日は私の圧勝でしたね」とか、わざとニコニコしながら言ったりします。

当然ある程度のリレーションが必要だったり、言っていいタイプの方か、言ってはまずいタイプの方かを見極める必要がありますが、意外と社会的地位のある方でもそう言われて怒るような人はいません。逆に「よくぞ言ったな！　今度は負けないからな！」といったリアクションを取る方がほとんどです。

仕事や組織上の上下関係がからむから、皆、見えすいたお世辞を言うし、言われる側もそれに慣れてしまっている。

しかし、本当は、思っていることをきちんと言ってくれる人を求めています。

本音の部分で、相手目線にきちんと立てば、見えすいたお世辞など言う必要はありません。この心構えが、仕事の場面においても、生かされるのです。

ゴルフ場で、かゆいところに手が届くアイデア

そんなゴルフのラウンドの中で「こいつは今まで一緒にゴルフに行ったヤツと違うな」と思ってもらえる話をしたいと思います。

朝早く来て出迎えたり、ドリンクを４本買っておき、それぞれの頭に目印をつけておくとか、スコアカードを人数分用意するなんていうのは、普通の営業でもやることです。

ここではちょっと違うことを紹介したいと思います。

注目すべきは、ティーショット。各ホールの１打目にティーにのせて玉を打つショットです。

ティーショットを打つときは、ほかの３人は静かに見守ります。打つ人がもっとも緊張するショットのはずです。

パーン！

「ナイスショット！」（本当にナイスショットの場合）

皆ボールの行方を見ています。キャディさんも、当然ショットを打った本人も。

ボールが落ちたところを確認すると、打った人が必ずすることがあります。

なんだかわかりますか？

ティーを拾うんです。

そのとき、「あれ？　ティーどこ行った？」なんて探す姿を見たことはありませんか？　というか皆さん自身が探したことも、結果なくしたこともあるのではないでしょうか。

このティーを「ここです」と、サッと拾うのです。

どうやって？

ティーショットを打つときは斜め後方に立ち、ボールの行方だけでなくティーの行方を目で追うのです。必ずティーの行方を見ているのです。

極端な話、**ボールの行方はみんなが見ていてくれます。でもティーの行方を注意して追っている人はまずいません。**

慣れてくればすぐに、ボールもティーも両方見ることができるようになります。

それを18ホールつまり18回×3人、計54回するのです。

必ず途中で聞いてくる人がいます。

「あれ？　川田さんって、ティーの行方を見てるの？」

ティーグランドで、ですから、ほかの人たちも聞いています。

「はい、ティーがなくならないように」

たいていは感心されます。

行方を追うのは、ボールではなくティーのほう

でも一つだけでは「こいつは違う！」と思ってもらえるほどではありません。
「そういう特技の人」で終わってしまいます。

そこでもう一つ……**「消しゴム」です。**

ゴルフに何回か行かれた人なら、おわかりいただけると思うのですが、ゴルフのスコアカードは1番から18番ホールまで、スコアを書き込めるようになっています。

たいていの人はコースのスタート前に、鉛筆で全員の名前を書き、それをポケットにしまい、スタートします。

このスタートが10番ホールから（インスタート）の場合、「消しゴム」の活躍する場が出てきます。

最初のホールを終えると、それが10番ホールであることを忘れて、1番ホールに間違えてスコアを書く人が出てくることがよくあります。

「あっ！　間違えた」

「あれ？　俺も」なんて複数人の場合もあります。

ひどいときには2、3ホール進んでから、こんなことが起こります。

当然キャディさんがスコアカードの控えを持っているし、キャディさんがいなくても、予備のカードはカートにあります。

ゴルフ場で意外に活躍するのが、消しゴム

しかし、その場合には、もう一度みんなの名前を書かなければいけないのです。これが結構面倒くさい。

そのときに「どうぞ」と、消しゴムをポケットから出すとびっくりしながらも「ありがとう」と言われます。

これは「特技」とは思われません。

ゴルフ場に消しゴム、ゴルフウェアのポケットから消しゴム。

どう考えてもミスマッチです。

だからこそ、そこに驚きを生むことができるのです。

これは元々私の後輩がやっていることで、以前彼が行ったあるゴルフ場でキャディさんがやっていたことを、彼が真似してやっていると言う話を聞いて、私がさらに真似をさせてもらっていることです。

この本を読まれた方で、「こんなこともしてますよ」という方がいらっしゃったらぜひ教えてください！　参考にさせていただきたいと思います。

第2章

「ちょっと違うこと」から気づく、大事なこと

さて、私自身がこれまでの営業活動の中で意識してきた、「どうやったらお客様の中で、自分が特別な営業マン・ウーマンでいられるか」を、具体的なシーンを交えながら、皆さんにイメージしていただけるようにご紹介してきました。

実は私自身、前段の章を書き進めていきながら、改めて、私が営業としての軸がどこにあるのか、なぜたくさんのお客様に恵まれてここまで実績を上げられたのか、自分でも整理することができ、わかった気がするのです。

自分自身、意識してきたこと、また、その行動には共通点があります。

はじめは、ただ「自分を売り込む」ための行動でしたが、ハンカチを敷くことも、深くお辞儀をすることも、ゴミを持ち帰ることも、車を遠くに停めることも、留守番電話のメッセージを自分の声で入れることにこだわることも、ここまで挙げてきたことすべてに共通している「あること」があります。

共通してお伝えしたかったこと。

それは何だったのか。

……皆さんも感じていただけたのではないでしょうか。

テクニックは、人真似から始まる

皆さんここまでで何か「これ明日からやってみよう」とか「これは自分の感性に合ってるな」とか思っていただけることはありましたか？

「○○手帳術」とか「できる営業のスケジュール管理」とか、いわゆるノウハウ本を読んで、明日からそれを実践できる人なんて、実のところ、あまりいないのではないでしょうか。少なくとも、私はできたためしがありません。だからこそ、ハードルが低くて「明日から真似できること」を、あえて紹介させていただいたつもりです。

人から言われたことを、自分のものにするというのは、もしかしたら「ちょっとハードルの高いこと」のように思われるかもしれません。

でも、そんな難しく考えず、まずは、「ただ、真似をする」だけでいいと思っています。

ゴルフの話のように、**それが後輩であったとしても、「なるほど」と思うようなことがあればすぐに真似させてもらいます。**

何も考えず、先輩や、後輩や、ためになったビジネス書など、身近なところで「あっ、素敵だな」と思えることは、即座にただ真似てみる。

単なる「テクニック」としてとらえて全然構わないと思うのです。

かっこつける必要なんてないと思います。

「なんか、人のいいところ盗み取って真似るなんて、オイシイとこ取りな感じ」と、引け目に思う必要もないと思います。

できる人たちは、誰かから教えてもらったり、盗んだりして結果を出しているのです。

それでうまくいったら、そのことを周りの誰かに今度はあなたが伝えてあげればいい。

それで恩返しが十分できているのです。

お客様の企業で営業の勉強会を依頼されることがあり、今回のようなことをテーマにお話しさせていただくこともあります。

「何も難しいことをする必要はありません。明日から、どなたにも真似できます！」

営業職向けの講演などでは、そうお話ししますし、そのときは皆さん「なるほど」「面白い」という表情をされます。

ところが後日、「川田さんの言うとおり、実際やってみました」というご報告をいただくことは、残念ながら、ほとんどありません。頭では理解できても、実行に移す人は少ないということでしょうか。

もったいない。

講演を聴いても、本を買っても、それでは時間もお金も「無駄」です。

ご存じでしたか？　売れている人は、皆真似してそうなったんですよ。

明日から、いや今日から、気に入ったものだけでいいので、ぜひ真似してみてください。

真似の先に、大きな変化がある

私自身、そもそもの出発点は、浅はかに、かっこいい大人の営業に憧れて、そして「どうしたらお客様に、周りの営業の人たちより印象を残すことができるか」というその一点で、始めてきたことばかりです。

でも、そんな計算から始めたことですが、結局、それで終わることはありませんでした。その先には、営業だからこそ、たどり着けるものがありました。

プルデンシャル生命でよく耳にする言葉があります。僕自身、大好きな言葉です。

「考えが変われば行動が変わる
行動が変われば習慣が変わる
習慣が変われば性格が変わる
性格が変われば人格が変わる
人格が変われば人生が変わる」

まさにその「変化」が、自分の中にも生まれました。

元々は真似事から始めたさまざまな行動でしたが、それはもはやテクニックではなく、

「相手を敬う」という心が、自分の中に根づいて、芽が出て、自分自身の行動や言動に植えつけられていったのです。

営業として成績を上げるために、お客様の心をつかむのにいいと思って始めたことがきっかけかもしれません。でも、結果、お客様はそれを気持ちいいと感じてくださり、そして何より、それをした自分も、とても気分がいいものでした。

相手にとっても自分にとっても気持ちいいことが、連鎖していく。

それはお客様と営業の関係にとどまる話ではなく、それこそ、身の回りの人たちとも築けることなのだと気づきました。

本当に小さな話ではありますが、

たとえば仕事が遅くなって深夜になり、タクシーで帰宅することになったとき。家の前で支払いを済ませて降りるときに、ただ黙って降りるのではなく

「気をつけてがんばってくださいね」と声をかける。

このときばかりは営業である自分もお客様の立場ですが、そんなこととは関係なく、タクシーの運転手さんを、ごく自然にねぎらうようになったり。

レストランでのウエイター、ウエイトレスさんに対しても同じです。水とおしぼりを運んできてくれたら「ありがとうございます」と、ハッキリ声にして言うことができるようになりました。

家の中でも、妻や子供に対して「ありがとう」と口に出すことが、多くなったように思います。

「何をそんな小さなこと」と、笑われてしまうかもしれません。

でもそうなんです。

恥ずかしながら、私はそんなこともできていなかった人間だったのです。

でもそういうことができるようになったことが、心から嬉しいのです。

そしてそういうことを自分の子供たちや、次の世代の人たちにも、しっかりと伝えていきたいと思っています。

一つ一つはとても小さい、取るに足らないことかもしれません。

けれども、営業職としてではなく、一人の人間として、世の中のすべての人がそんな風に自然に相手のことを敬うことができるようになったら、とてもよい世の中になると思いませんか?

よい営業を目指していたら、よい人間になっていた。

こんな素敵なことはありません。

お客様は、商品と一緒に空気を買う

言動や行動が変わっていって、「ただの善人」になっても、「営業としての実績を上げることができなければ意味がない」と思われる方もいるかもしれません。

確かに一理あります。でもこれ、**実は強い関連性がある**ことだと、私は思っています。


私たちの会社だけでなく、皆さんの会社にも、たくさんの営業の人たちがいるはずです。

与えられる商品は皆同じ。

教えてもらう商品の説明の仕方や、売り方などはみんなに同じように教えられる。

スタートは、皆同じなのです。

しかし気づいてみれば、営業によって、その売り上げは何倍もの開きになってしまうこともあります。


不思議ではありませんか？

それはお客様が買っているものが「商品だけ」だと思っているからです。

同じ商品なのに、なぜ営業によって、実績に差が出るのか。

前段の章で挙げてきたことすべてに関係してくることなのですが、

お客様は「商品と一緒に周りの空気も買っている」のです。

「空気」とは。会社の企業理念や、お客様に対するその営業の気遣いや思いやり、または営業の仕事に対する理念、ひいては、その人間の人生観や価値観などです。

以前に、北海道を代表する老舗のお菓子屋さんで、全国的にも有名な六花亭のこんなエピソードをビデオで観たことがあります。

あるとき、六花亭で商品を買って帰られたお客様からお手紙が届いたそうです。

その手紙の内容は、そのお客様がある雪の日に、旅の思い出として、六花亭でお土産を購入したときのことについてでした。

味の美味しさは当然なのですが、その方が感動したのは、そのお店のおもてなしでした。

雪の中両手いっぱいにお土産を買い込み、外で待たせていたタクシーに乗るためにお店を出ようとすると、そのお店のレジの人がそれに気づき、傘を広げその方に差し出し、両手からお土産を取り上げ、代わりに持って運んでくれたそうです。

車まで運び、タクシーに乗り込むお客様を見送ると「ありがとうございました」と雪の中で深々とお辞儀をしていたそうです。

そしてタクシーが走り出し、数百メートル進んだところで、（素敵な店員さんだったなあ）と、ふと後ろを振り返ると、雪の中でその店員さんが立ったまま、傘もささずにまだ見送っていたのです。そしてタクシーが角を曲がろうとしたとき、さらに一礼をしたそうです。

この話、皆さんはどう思いますか。

老舗の六花亭ですから、お客様への接客の仕方も、従業員へ徹底されているのかもしれません。

ですが、このエピソードを聞いて、私は改めて「ああ、やっぱりそうなんだなあ。お客様というのは、商品の周りにある、目に見えないものに心を動かされるのだな」と、感動したのをよく覚えています。

社内でもワイシャツの腕まくりをしない、本当の理由

人とは違う営業になるということは、**商品そのもの以外に、目には見えないけれども、確実にお客様の心に残る何かも一緒に提供することができる営業**なのではないかと思うのです。

と同時に、普段の言動や行動が、「目に見えない空気」となってお客様に伝わってしまうということでもあります。

とるに足らない些細なことの積み重ねが、一人ひとりの空気を作り出しているからです。

営業マン・ウーマンは、お客様の前で、ネクタイを外したり、腕まくりをしたり、サンダルを履いたりすることはありません。

でも、会社に戻って、オフィスにいるときはどうですか?

私は、何度かお伝えしているように、決して神経質なタイプの人間ではなく、どちらかといえば典型的なO型のタチなのですが、だからこそ、日々の営業としての行動には、そういう細かい部分から気を遣うことが大切なのではないかと思っているのです。

スーツは、シワになったり汗をかいたりするので、社内ではジャケットは脱ぐことはあっても、ワイシャツを腕まくりしたりすることはありませんし、ネクタイも外したりしま

せん。サンダル履きで社内をウロウロなんてこともしません。

「外に行くときは袖を下ろしていきますよ！」と言った後輩がいましたが、そういう問題ではないのです。

人それぞれの価値観ですので、それ以上押しつけたりはしませんが、それが空気（雰囲気）となってお客様の前でも、必ず出ているはずです。

毎年春になると新社会人が街に溢れてきます。彼らを見て、「あれ、新社会人だな」とわかるのはなぜでしょうか。

普段スーツを着ていないということを、空気として感じているからではないでしょうか（サイズとか新品だからではないはずです）。

同様に、お客様は目の前の私たちを見て、「普段のオフィスにいる私たち」まで感じているはずです。

それとお客様にご契約をしていただくことを、**「契約を取る」といった表現は**たとえオフィスでも、**私は絶対にしません。**

「お客さんの前では絶対にそんな言葉使わないから大丈夫」とか、そういう問題ではないのです。

それも必ず空気となって、お客様の前でも出ています。

といっても、議論のしようがないのも事実。見えない空気の話ですから。

当然、仕事が終わってオフィスを出たら別です。オンからオフに切り替わります。

私は家に帰るとすぐにスーツを脱ぎ、かなり年季の入ったTシャツとスウェットに着替えます。特にTシャツは生地がくた〜っとした、随分と着込んだものでないと、なんとなく落ち着きません（同感！って言う人が多いと信じています）。

基本的にソファの上でゴロゴロしています。とてもお見せできる姿ではありません。

この本を買ってくださった方に「失敗した！」と思われることは確実ですから……。

第3章

営業マン・ウーマンは弱いものである

——自分の弱さを認めるということ

営業の現場というのはつらいことが多くあるのも事実です。いえ、そんな甘いものではありません。つらいことだらけと言ったほうがいいかもしれません。

そんなつらいことに対して営業の人たちは、どうやって立ち向かっていけばよいのでしょう。「もう嫌だ！」と思うことは、誰にでもあるはずです。私にもあります。

そんなとき、私がどのようにしてそのつらさと向き合ってきたのか、この章ではそれをお伝えしたいと思います。

営業の成功談だけの本では、本当の意味で、読者の皆さんのお役に立っていない気がしますので、あえてこういった、ほかの本ではあまり触れられないテーマについても、本章ではお伝えしたいと思います。

「夢」を本音で書き出すと、一歩前進できる

唐突ですが、一つ質問があります。

もし、時間もお金も何もかも自由になるとすれば、あなたはどんな生活をしたいですか？


28歳の頃、夫婦で、理想の生活を書き出してみたことがあります。本を普段読まない私が、流行っていた『マーフィの法則』を後輩にすすめられて読んだのがきっかけです。

本には、「まずは夫婦でどんなふうに生きていきたいかを話し合う」と書いてありました。

そこで、2人で、最初は黙って紙に書き出してみたのです。

「夫婦でそんなことするなんて不自然だ」と思われるかもしれません。でもまずは「やってみる」です。

これが意外に、自分や家族の現状と将来を冷静に考えてみるには、なかなかいい方法でした。どう生きたいかなど、真剣に話し合わないまま時間は過ぎていますから、「人生の棚おろし」みたいな発見があります。私の場合、その小さな思いつきで、人生の大きな岐路に立つことになったのですが……。

最初は自分の両親のことから書き出しました。

両親を世界一周旅行に行かせてあげたいとか、ベンツの新車をプレゼントしたいとか、温泉に連れていってあげたいとか。その後は、自分たちも家族で年2回は海外旅行に行きたい、1億円の家に住みたいとか、自由に書いていきました。

最初は20、30個は余裕で書けると思っていたら、これが意外と出てこない。どうしても現実が邪魔をするのです。結局、8つしか思いつきませんでした。

その後、お互いが書いたものを、妻と見せ合いました。面白かったのは、妻も同じくらいしか書けていなかったこと。その内容も、まず親のこと、そして自分たちのこと。夢の順番も内容も似通っていたのです。

ところが最後の項目に、私は衝撃を受けてしまいした。

妻は「値札を見ないで服を買いたい」と書いたのです。

彼女は高級ブランド好きというわけではなく、むしろ、そういう志向があまり強くない女性だと、私は思っていました。

「だって、何もかも自由になるんだったら、女の人は皆そう思うんじゃない」

いくら書くことがないからといっても……そういう願望が少なからずあったことが驚きでした。

一緒に暮らしていて、妻のそういう願望に気づけていなかった自分はもちろん、「そんなの無理」と妻に思わせてしまっていた自分にも、一人の男として、私はとてもショックだったのです。と同時に、この夢をかなえさせてあげたいとも思いました。

「じゃあ……。とにかくリクルートは辞めよう」

私がその場で言うと、「いいんじゃない」と妻も賛成してくれました。

すぐではないにしても、私が会社を辞めることだけが決まった瞬間でした。

今から振り返ると、あの頃の私は、誰かから背中を押してほしかったのだと思います。しかし私は意志が弱く、決断することができないでいました。

普通に考えれば恵まれた待遇と環境で仕事ができているわけです。一緒に仕事をしていた仲間も本当に素晴らしい人たちばかりでした。それを絶って、違う一歩を踏み出すことなんて必要ないといえば必要のないことだったと思います。

ところが、リクルートでの仕事にマンネリを感じていて、営業目標を達成してもあまりワクワクしなくなっていたのも事実。普段読まない私が本を読んだのも、その本の内容を実際に夫婦でやってみたのも、自然な流れだったのかもしれません。

当時、ヘッドハンティングみたいな話もいただいていたのですが、2人で書き出した夢は、普通のサラリーマンでは到底かなえられないわけです。

私たちはその日書いたお互いの夢を、ビジュアル化することにしました。

たとえば、「値札を見ない買い物」の夢なら、東京・表参道のディスプレイが美しいお店のショウウィンドウの写真、都内の広々とした家なら、世田谷区・駒沢大学近くの高級マンションの写真。こんな具合に、2人で写真を撮りに出かけました。両親用の世界一周旅行や、ベンツをプレゼントする夢は、関連パンフレットを取り寄せました。それらをファイルに入れて、玄関にしばらく置いておき、出社・帰宅するたびに眺めては、気持ちを高めていました。

いい大人が子供じみていて、大変お恥ずかしい限りです。でも当時は、結構２人で楽しんでいました。

いわゆる成功者の話を聞くと、子供の頃から社長になると決めていたとか、どんな30代を迎えるか考えて20代を過ごしたとか、はじめから「強い意志」を持っている人が多いように思いますが、必ずしも皆がそういうわけではないと思います。少なくとも、私にはそういったものは、ありませんでした。

思い切った決断をすぐにできるほどの強さがなかったから、まずは「夢」を書き出した。すると「今のままではいけない」ということだけが、わかってきた。

私の場合**少しずつ、大きな決断に近づいていった**のです。

それと忘れてはいけないのが、恥ずかしながら「妻の後押し」です。

ちなみに、このファイルにある「妄想」のほとんどは、実現することができました。

仕事に打ち込むために、家族と別居する

私は弱い人間です。

気を許すと、つい何事でも楽なほうに流されてしまいがち。そんな**弱さをよくわかっているからこそ、勝負どころではあえて意図的に自分を追い込むようなところがあります。**逃げ場を断つことで、逃げられないような環境を作るのです。

プルデンシャル生命への転職を決めた際、真っ先に考えたのは、「当面、仕事以外のことを考えない状況に自分を置きたい」ということ。

たとえば終電が気になったり、通勤がストレスになったり、または家族のことが気になったりしていては、新しい仕事に集中できないのではないかと思いました。

まず、会社の近くに、一人で住もうと考えました。家族には当面、妻の実家のある北海道で暮らしてもらうことにしました。長女はまだ1歳で、長男はまだ妻のお腹の中にいた頃です。転職を決断した1997年の春のことでした。

都内で会社にも駅にも歩けるマンションに決めました。まず私一人で住み、仕事が軌道に乗ったら、家族と一緒に暮らすつもりだったのです。

実際には1年間家族と離れて生活をしました。

新たな住まいは築40年以上で、お湯と水が一緒に出てこない、すき間風どころかアリが家の中で行列を作る、トイレも狭く、立ち上がってズボンを上げようとすると頭がドアにぶつかってしまう。そんな調子でした。

前職を辞める直前の年収は１２００万円近くでしたが、貯金はほとんどゼロ。妻が働いて貯めていたお金だけが、わが家の財産。家族が１人増えて４人になろうというときに、都内の賃貸マンションに一人暮らし。

住まいのこともそうですが、何よりも家族と離れて暮らすことで、「そこまでしているのだから、絶対に逃げてはいけない！」と思える自分を作り出しました。

自分から言い出した一人暮らしでしたが、深夜に帰宅して、可愛い盛りの一人娘のことを思い出し、ビデオを見ながら一人、部屋で泣いたこともあります。目に見えない葛藤から、寝不足で眠いのに眠ることができないこともありました。

先の夢ファイルを作っておきながら、現実は反対方向に進んでいるかのようで……。

しかし、営業マンとして一番成長したのは、この最初の苦しい2年間でした。

仕事に没頭できる環境を作れたことで、何よりも商談の数が圧倒的に多かったこと。

そして商談数の多さが、結果的に、お客様との出会いの数を増やし、出会いを通じて、「この仕事をしていく上で、絶対忘れてはならないこと」を多く学ぶことにつながったのです。

ワークライフ・バランスも大切ですが、その前に、それを勝ち取るために、することがあります。

今でこそ、家族4人で毎晩のように食事をする私ですが、そこにたどり着くまでにはワークライフ・アンバランスな2年間があったのです。

この本を読んでいただいているあなたにも、新規入社や転職後の2年間は、なりふり構わず働くことをおすすめしたい。いや、入社何年目の方でも、思い立ったときがチャンスです。一度徹底的に自分を追い込んで、がむしゃらの2年間を過ごしてみませんか。

「すぐに成果を上げたい、2年なんて長すぎる！」

そう思う気持ちはわかります。営業にかかるプレッシャーは計り知れないものですから。ですが、長いビジネスマン・ウーマン人生の中で、2年は本当に長いものなのでしょうか？

1つだけつけ加えさせてください。

2年間はそうはいっても短くはありません。

あなたにとってではありません。自分で決めたのなら、その本人は耐えられるはずです。しかしながら、家族、特に奥さんにとってはとても長く、不安な時間になるはずです。

私の妻も相当の忍耐が必要だったことと思います。1年で一緒に暮らしはじめはしましたが、一緒に暮らすようになった後も、私は妻に「はじめの2年間、俺は死んだと思ってくれ」「帰ってくる時間を聞かないでくれ」「『今日は夕飯食べるの?』と聞かないでくれ」「寝ている邪魔はしないでくれ」と、そんなことを言っていました。

自分自身が弱いことを知っているから、必要以上に妻にも要求していました。

妻はそれを見事に守ってくれました。

小さな子供がいる方ならばわかると思いますが、妻にとっては、私以上につらい大変な2年間だったと思っています。

「家族の協力」なしでは、私はとっくにつぶれていたと思います。

アポ取りは、あえて家族のプレッシャーの下で

営業とは切っても切れない仕事、それがいわゆる「アポ取り」ではないでしょうか。

シチュエーションはさまざまなのでしょうが、たとえば一度も面識のないお客様へ、商談の第一歩として、会う機会をいただくアポイントを取りつけるための電話。この「アポ取り」という仕事は、一度でも営業の仕事をしたことのある方ならわかってもらえると思うのですが、これがどうして、荷が重い……。

できることなら避けて通りたい、もっともメンタルブロックがかかる、何ともつらい仕事なのです。

なんでそんなに気が重いかといえば、それはたぶん、せっかく勇気を振り絞って電話をかけた挙句に、アッサリ断られてしまうのが怖いから。

私の仕事の場合ならば、お客様としては「今、生命保険は必要ない」からアポイントの電話に対して「Ｎｏ」とおっしゃっているわけで、別にわれわれ営業マン・ウーマンを否定しているわけではない。にもかかわらず、なぜかお客様へアポ取りの電話をかけて断られると、それはもう、自分自身を全否定されてしまったような、何とも言えないブルーな気持ちになってしまうのです。

ただ単に、すでに保険に加入していて必要ないから断っているのかもしれない。もしくはただ単に、昔自分自身がそうであったように、生命保険に対して毛嫌いしているからなのかもしれない。それこそ、プルデンシャル生命の保険の保障の内容云々は全く関係なく、いわゆる「今までの保険のイメージ」を否定しているだけで、そこに何か具体的な根拠はない場合だって多分にあるのにもかかわらず……なのです。

とはいえ、断られるのが怖いからといって、このアポ取りを避けて通ることはできません。われわれのようにフルコミッションで仕事をしている者にとって、新しいお客様にアポイントの電話をかけることを止めてしまったら、それは、営業としての死を意味します。

そんな鬼気迫る環境にいながらでも、ついつい「やっぱりアポ取り電話は明日にしよう」なんて、逃げてしまいそうになる。

しかしこのアポ取り、実は、覚悟を決めて取りかかってみると、最初の1本の電話さえかけ始めてしまえば、案外その後の電話は波に乗って、これまでのうだうだしていた自分がウソのように、スムーズに入っていける仕事であったりもします。

そう、だから、**アポ取りをしようと意を決してから、最初の1本に取りかかるまでの、たったその1本のために、「あ～でもない、こ～でもない」と理由をつけては、逃げようとする弱い自分と戦わなくてはいけないのです。**

そんなとき私はどうやって乗り越えてきたかというと、自分は妻の手を借りました。親や先生に言われるまで宿題に取り組めない子供みたいですが、まさに自ら、そのシチュエーションを作り出して、逃げられなくするのです。

もはや先延ばしにできないアポ取りの仕事を家に持ち帰り、妻にこうお願いします。

「今夜、8時から10時まで、お客様へアポイントの電話をかけるから、もし8時になっても僕が電話をしていなかったら、『アポ取りの電話するんじゃないの』って言ってくれ」と頼むのです。

不思議なものですが、そうやって自らを逃げられない状況に追い込むと、8時には率先してアポ取り作業に取りかかる自分になります。それは、仕事に対する義務感なんていうかっこいいものではなく、「8時になったけど、まだかけないの？」なんていうセリフを、妻に言われてしまう、かっこ悪い自分になりたくないから……ただ、その一心で。

私は、自分が「嫌なことから逃げてしまう弱い人間」だということを知っています。だからこそ、**そんな自分をさらけ出して、あえて家族の手を借りる**のです。

一見、そんな話を披露すると、「川田さんは、自分を追い込んでいく、意志の強い人」なんて思ってくださる方もいるかもしれませんが、それは全く違います。自分の弱さを知っているからこそ、自分で逃げないようにする。**アポ取りから逃げたり、気の重い仕事を**

先送りしたいのは、皆同じだと思うのです。少なくとも、自分はそういう人間だし、きっと多くの人がそうでしょう。

だから思うのです。**まず、弱い自分を認めることから始めて、それに対してどういった手を打つかで、周りの営業マン・ウーマンと差がつく**のではないかと。

つらいことと対峙せず、肩を組んで仲よくする

めでたくつらいアポ取り電話のメンタルブロックを打ち破り、あの手この手で先送りしないよう、逃げそうになる自分を乗り越え、ようやく1本の電話をかける。意外にその後は、断られても2本、3本とこなしていけるのも、経験したことのある方なら、「そうそう」なんて相槌を打っていただけるかもしれません。

といっても、やっぱり「Ｎｏ」と言われてハッピーになる人はいません。断られることは、どうしたってマイナスイメージだし、落ち込んでしまうでしょう。

でも、毎日の仕事を少しでも楽しいものにするためには、そのマイナスイメージは払拭したいもの。それで私は、こんな工夫もしてきました。営業マン・ウーマンを指導している立場の方にも、ぜひ参考にしていただきたいと思っています。

それは、アポ取りで**「Ｎｏ」を受けた数を目標にする**のです。

手帳のフリースペースに、**「断られ目標」とか、なるべく明るい色のペンでタイトルを書いて、アポ取り電話で断られるたびに、「正」の字を書いていく。**１００までいったら、ご褒美としておいしいものを食べに行くとか、５００をクリアしたら、新しい髭剃りを買おう！とか、そんな感じです。

もちろん、アポ取りの電話をかけて、お客様と会うアポイントをもらえれば、当然それ

は嬉しいことですが、こうすることで、断られてしまっても、ちょっと嬉しい。**アポが取れても、取れなくてもハッピーな気分に、勘違いできるわけです。**

もちろんアポ取りの電話を断られることは、マイナスです。マイナスな状況を認めつつ、そこにとらわれて、つらい気持ちになる代わりに、前向きにとらえる方法を考える。**つらいことに真っ向から対決するのではなく、つらいことと肩を組んで歩いてしまう**のです。

プロ野球の世界でも、ホームラン王は三振王でもあるらしいですからね。自分の弱さを知っているからこそ、認めているからこそ、できることなのかもしれません。

ちなみに、これは誇らしげに言うべきかどうかわかりませんが、私は、転職する前に購入した電気髭剃りを、幸か不幸か、13年くらい買い換えることができていません。もはや髭剃りくらい、何の躊躇《ちゅうちょ》もなく、今すぐにでも買うことができます。私の場合は、年収は前職の何倍にもなっています。しかし新人の頃に「自分へのご褒美として購入する」と、いったん決めてしまったことで、何かを成し遂げないと買ってはいけないような気がしています。

今後何かつらいことを目標としたときに、新しくてビックリするほど気持ちよく剃れる高性能の〝21世紀の髭剃り〟で、いつか快適に自分の濃い髭が剃れる日を、今から心待ちにしています。

心から望むのは、どっちの「楽」か

「自分の弱さ」アピールついでに、もう一つ、弱い自分と向き合ったエピソードを披露したいと思います。

当時、リクルートからプルデンシャル生命への転職が決まっていた頃のこと。これまでは一定の収入を常に約束されていたサラリーマンという立場から、フルコミッションの、いわゆる個人事業主的な職業の世界に足を踏み入れることは、それはそれはもう、不安以外の何ものでもありませんでした。

自分はつらいことから逃げてしまうのではないだろうか。

いや、でももう逃げることはできない。

でもやっぱり、逃げてしまうのではないだろうか……。

こんなことを堂々めぐり、考えてしまうのです。

つらいことから逃げてしまう「弱い自分」を知っているだけに、その底のない不安な感情を行ったりきたり……。

当時、前職のお客様に書道家の先生がいらっしゃったので、そんな自分にピッタリの書を書いてもらいました。それは次の言葉です。

「楽か　楽しいか」

楽《ラク》とは、つらいことから逃げて得られるもの。

一方の、**楽しいとは、つらいことを乗り越えてこそ、得られるもの。**


「楽ではなく、楽しいほうを目指さないといけない」という自分への戒めとして。

15年たった今も、私のデスクのある職場のブースには、この書が掲げてあります。

ついつい楽なほうに逃げてしまう自分を知っているので、この書は自分にとっての考え方や行動の指針です。

そもそも、人は誰でも、楽なほうに逃げてしまう生き物だと思います。

そして、それではいけないということもちゃんとわかっている。迷ったときに、折れそうになったときに、こういうものを支えに、つらいことに立ち向かって、楽しい境地を目指すのだと思います。

何度も言っていますが、私は弱いです。きっと皆さんもそうでしょう。皆同じだから、弱くてかっこ悪くてもいいと思うのです。

むしろ弱い自分を認めて、かっこ悪い自分をよしとして、それに対して淡々と手を打つことのほうが、とても大切なんだと思います。

どんなに自宅近くにいても、絶対に直帰はしない

プルデンシャル生命のオフィスには、営業の人（社内では「ライフプランナー」）たちの行動予定が記入できるホワイトボードがあります。そこでよく目につくのが「ＮＲ（英語の〝ノー・リターン〟の略称で、〝直帰〟の意味）」のマグネットです。

営業はお客様の訪問や外回りが基本。そのため日中社内にいる人はほとんどいません。また、最後の訪問先が遠方だったり訪問先が増えてしまうと、会社に戻らず、そのまま自宅に戻る人も多い。そのために「ＮＲ」のマグネットが用意されています。

私が気になるのは、入社して間もないのに「ＮＲ」が続いている人のこと。

入社して最初の2年間、私はどんなときでも「ＮＲ（直帰）」せず、必ず会社に戻っていました。

一見ストイックなように感じるかもしれませんが、そうではなく、自分の弱さを知っていたからです。

先ほど書きましたが、転職後の2年間は、オフィスの近くに一人暮らしをしていました。その2年間たとえ自分の家を通り過ぎたとしても、すべての仕事が終わった後は、何時になっても必ず会社に戻ったのです。どんなに疲れていたり体調が悪くても、必ずそうし

ました（……と勢いで書いてしまいましたが、もしかすると何回かは直接帰ったような気もします。すみません）。

今でこそ、私は残業をほとんどしません。オフィスに一度も行かず、外回りだけで１日が終わることのほうが多いくらいです。しかし、入社２年目までは違ったのです。

これには理由があります。

入社当初は、そう簡単にはご契約をいただけませんでした。でも、翌日にはまた別の方を訪問しなければいけない。そんなときに**会社に戻るのは、落ち込んだ気分を、自宅に持ち帰らないためでした。**

もっともいけないことは、**契約してもらえなかったことではなく、その落ち込んだ気分を次に引きずってしまうことなのです。**引きずってしまうとそこから底なし沼にはまってしまいます。これは一番大事なことです。

いったん会社に戻ることで、翌日、新たな気持ちで新しいお客様にお会いできるのです。お客様に断られ、疲れきって夜遅くオフィスに戻ると、仲間の姿があります。そこで「今日はうまくいかなくて……」と誰かに話すことで、ずいぶん気が楽になりました。

誰かに励ましてもらったり、共感してもらったり、ときには先輩から貴重なアドバイスをもらうこともありました。そうやって社内の人と雑談することや情報交換をすることで、明日からの仕事に生かすことができたのです。

日中は多忙な先輩も、夜であればつかまりやすいし、その場で気軽に声をかけられます。そこで得るものは、技術面でも精神面でも、とても大きかったのです。

だからこそ、入社して間もないのに「NR」が続いている人を見ると、「大丈夫かな」と心配になります。外回りが続いて疲れたので早く家に帰ってゆっくりしたいとか、自宅近くの商談だったので自宅と反対方向の会社に戻るのは時間の無駄……そんな気持ちもわかります。残業ゼロ、効率的な仕事術がもてはやされる時代です。

しかし、あえて「NR」しないことで得られるメリットは、実に多いのです。

完全歩合制の営業職といえども、仕事は決して自分一人きりでしているわけではありません。

何度も申し上げているとおり人は弱いものです。自分一人だけでつらいことを乗り越えることなど容易なことではありません。**共に同じ使命感や目標を持って、働いている仲間がいる。ただ、それだけのことに支えられたり、励まされることもあるのです。**

忙しすぎる職場やお客様相手の仕事の場合、社内の人とのコミュニケーションは疎遠になりがちです。そういうときも、会社に戻ることで、少しは顔をつき合わせることができるかもしれません。

また、遅くまでがんばっているあなたのことを、気にかけて話しかけてくれる上司や先輩が現れるかもしれません。私自身、一人で思い悩んでいたこと、抱え込んでいたことが、彼らの一言で、霧が晴れたように一気に解消することだって何度もありました。

決して長時間労働を強いているわけではありません。会社に戻って「お先に失礼します！」と、一言挨拶するだけのために帰社するのでもいいのです。それだけでも、あなたのことを見てくれている仲間がいるのです。


会社より自宅に戻るほうが近いし、明日も朝が早いしなあ……。

そういうときこそ、「ＮＲ」せずに会社に戻る。自分が弱いからこそ、私の場合は必要なことだったのです。

２年間ＮＲしなかった自分がなければ、今の自分はなかったと、はっきり言えます。

プライドを持つことよりも、プライドを捨てること

もし、自分の弱さを認めることができていない人がいるとしたら、それはプライドなのかもしれません。残念ながら、空っぽのプライド……私はそう思います。

私は仕事というものは、「プライドを持つことと、プライドを捨てることが大事」だとよく話しています。

仕事で「プライドを持つ」というのは、言葉のとおり「仕事に誇りを持つ」ということ。たとえ大切なお客様であっても、もし理不尽なことを言われたら、そこは頑として正すことができる勇気を持つこと。自分の理念や価値観と合わないお客様には、ときに厳しく言ってしまうことだってあっていいと思っています。なかなか容易ではありませんが、でも、実はこれは、そんなにハードルの高いことではありません。

では、仕事で「プライドを捨てる」とは、どういうことでしょうか。

実はこれが難しいのです。たとえば、「**転職したときに前職での成功体験を捨てきる**」ことだったり、もっと具体的に言うと「**営業の売上目標を達成できなかったときは、自ら坊主になる!と皆の前で宣言したりすること**」です。できなかったときは、かっこ悪い自分をさらけ出すわけですから。

そういえば、昨年に開催された北京オリンピックの試合で、あのイケメン投手・ダルビッシュは、試合に勝てなくて、率先してその日のうちに頭を丸坊主にしていました。

彼はくだらないプライドを捨てたのではないでしょうか。同時に彼の中にある、もっと価値のある本当のプライドを感じました。私の言う「空っぽのプライド」がある場合は、なかなかどうして、簡単に真似できることではありません。

社内の厳しそうな先輩に、仕事のアドバイスをもらいに行くことができない……そんなときも同じで、空っぽのプライドが邪魔しています。表向きは「なんか忙しそうだし、声をかけたら申し訳ない」と自らを正当化してしまいがちですが、**本当は「そんなこともわからないのか」と言われてしまうのが怖くて、踏み込めないのではないでしょうか。**

先輩から、一喝されるのが怖いのも、やっぱり空っぽのプライドが邪魔をしているのではないでしょうか。逆に、**一喝される覚悟で飛び込む勇気のある人は、仕事に対する真のプライドがある人**だと思います。

「イヤ、自分はそんなことはない」と思っている人は、本当にそうなのか、自分の胸に手を当ててみてほしいのです。

プライドを捨てること。それは要するに、**弱い自分を認めることができる**こと……私はそう思います。

第4章

そんな私も新人でした。営業現場で一から学ぶこと

誰にだって新人の頃があります。「早く一人前の営業マンになりたい」。そう思って、皆がんばってきたものです。

しかし、新人時代こそ大事な時期であることをご存じでしょうか？

新人時代だからこそ学べることもたくさんあります。

私自身、営業のベースは、新人時代に培われたものを大切にしています。その頃のさまざまな経験がなかったら、今の自分はなかったと思っています。

新人だからこその失敗や、ときには奇跡的なことも起こったりします。

そこから学ぶことは、その後の営業としての貴重な財産になっていきます。

この章では、私が新人時代に経験したことを中心に学んだことをお話していきたいと思います。

新人時代だから持てる武器

私が社会人になったのは平成元年、覚えていらっしゃる方もいるかもしれませんがバブルの真っ只中、そしてリクルート事件のときの入社です。同じ大学で入社を決めていた人間が何人も内定を断って、ほかの一流企業に就職していきました。

「やっぱり親を泣かせてまで希望する会社に就職することはできないよ」と、私の親しい友達も泣きながら違う会社に進みました（今の世の中から考えると恵まれた話に感じてしまいます）。

ところが、いざ入社してみると、事件の影響は思った以上でした（というか学生だった自分は、影響なんて考えていませんでした）。

配属になって3日目、先輩から引き継いだお客様のところに一人で行きドアを開け「リクルートの川田と申します！」と元気よく言うと、「入ってくるんじゃない！」「おたくのような会社の人間にはここにきてほしくないんだよ！」と、ものすごい大きな声で怒鳴られました。

はっきり言って、何がなんだかわかりませんでした。

本当にそんな対応がいくつかありました。中には、ドアを閉められて、とっさに足を挟んで話をしたこともあります。灰皿を投げつけるふりをされたこともありました。（こりゃ大変だな）と思いながらも、「俺たちは社会に必要とされていることをやっている！」という雰囲気があり、不思議と、あまりつらいとは思わなかった気がします。

経験がない分比べるものがなく、それしか知らなかったのがよかったのだと思いますが、同期の仲間と楽しく、「俺なんかこんなことがあったぜ」なんて、不幸自慢をしていました。

同期の中には、ファックスというのは紙が電話線の中を通って相手先に届いていると思っていたヤツがいて「ファックスしたので企画書は、（電話線の中で）手元にありません」なんて言って、今でも語り草です。

夜は先輩と一緒に飲みに行ったりしていました。話の長い先輩がいて、23時頃から話が始まると、（また電車では帰れないな）と覚悟して、話が終わると「飲みに行くぞ！」とか言って深夜2時3時まで一緒に飲んで、結局その先輩の家に泊まるということが何度もありました。

あのとき、「下着やワイシャツなどはどうしていたのだろう？」と、今思うと不思議です。そんなリクルートが私は今でも好きですし、感謝しています。

今思うと、このどん底状態からスタートしたことが私にとっては最高の経験だったのだと思います。何をもってして、どん底に耐え、這い上がってきたのかというと、「ガッツ」だけでした。

今の時代「ガッツ」なんて言うと恥ずかしいのかもしれませんが、本当にそれだけです。
嵐のような中で過ごした新人時代で、
「あんな事件を起こした会社の商品には広告は出さないよ」と言われ、
「私たちの商品は世の中に必要ないということですか？」なんて逆切れをして、
「絶対にいつかお取引をいただいてみせます！」なんて、お客様に啖呵を切ったこともありました。

リクルートの新人時代は、思い出すだけで、顔から火が出るほど恥ずかしいことばかりですが、今と比べて必ずしもすべてに劣っていたかというとそうでもないと思います。今ではご契約いただけないお客様も、新人時代であればご契約いただけているかもしれません。必ずそういったお客様もいるはずです。

それは**新人だからこそ持っている「純粋さ」や、それこそ「ガッツ」という強み**を持っていたからだと思います。

新人のときはそれでいいのです。

だってそれが、ときには何よりも強い武器なのですから。

出直しは「後日」ではなく「翌日」に

リクルートの入社1週間くらいの頃、担当の引き継ぎで、先輩にある学校のオーナーのところへ連れていかれました。挨拶をして私は特に何もしゃべることもなくサッサと帰りました。（きれいな人だけど、怖そうだなあ）。そんな第一印象でした。

後日、今度は私一人で、その女性校長に会いに出かけました。

ところが、校長は向かい合ったまま何も話しません。

嫌な沈黙が続いたので、おそるおそる、私から質問をしてみました。生徒は何人いらっしゃいますかとか、学科の構成はどんな感じですかとか。すると……

「ちゃんと勉強して出直してきて。何も知らない新人に、私はつき合っていられないんだから！」

いきなり厳しい顔つきで、校長からこう言われたのです。

後で知ったのですが、当時、その学校の担当者が頻繁に入れ替わって、校長はかなり不満だったそうです。でも、新人の私は、そんなことは何も知りませんでしたから、もうタジタジになって、ただペコペコと謝って会社に戻りました。上司には経緯を説明して、「ちゃんと勉強してから出直します」と私は伝えました。すると、

「そうか、わかった。じゃあ、**明日**行ってこい！」

上司が平然とそう言ったのです。

「ええっ？　明日ですか？　無理です」

「いいから必ず明日行ってこい！」

今振り返ると、ありがたいアドバイスだと思いますが、当時はわけがわからない。

でも、上司はもう有無を言わせないという感じなのです。仕方なく、私は社内資料などをできる限り見て、頭に叩き込んで、それで翌日もう一度行きました。

案の定、校長はずっと何も話さず、また嫌な沈黙が流れました。

どうしていいかわからなくなった私は、突然、開き直ったんです。

「半年たったら、私が担当でよかったと絶対思わせてみせます。それまでは申し訳ありませんが、おつき合いください」

ありったけの思いを込めて、私は校長を前にそう断言しました。本当にその努力をしようという気持ちがすごく強くありました。それでも校長は黙ったままでした。私はそれだけ伝えて、また早々に失礼しました。

会社に戻ると、その校長から私あてに電話があったのです。

「学校運営に関することで、ちょっと調べてほしいことがある」と。

あれはものすごく嬉しかった。自分にチャンスをくださったのだと思いました。

一生懸命調べて、今思うと稚拙な資料を作り、電話をもらった「翌日」に持っていきました。そうして私は、信頼の細い糸をつかんだのです。

あのときの上司の不可解な指示は、ただ単に新人の私がどんな行動に出るのか試していたのかもしれません。しかしそれは「**今の持っている力の中でできることを、自分で考えて行動しろ**」というメッセージだったと、私はとらえています。

そして導き出した答えが、「**今は『気持ち』以外何も持っていない**」ということだったのです。新人なんて皆そんなものではないでしょうか。

もうあれから20年がたちますが、今でもその方とは年賀状でお互いの近況報告を続けています。

お客様の心をゆっくり溶かす

リクルートに入社して3年目の頃、貴重な経験をしました。
ある学校に営業に行ったときのことです。

「リクルートには広告を出すつもりはない」の一点張り。実は、当社の誰が営業に行っても、「会ってはくれるが絶対に契約をしてもらえない」ことで有名なところだったのです。
そのせいで当時は、もはや誰も営業に行かなくなっていました。

私が最初に訪問した際、対応された方は真面目で堅い印象の男性。その方が広告などの決裁権を持っていて、「広告は出さない」とはっきり言われました。

ところが、これは直感なのですが、「何が何でも絶対に広告を出さない」というわけじゃないな、私はそう思ったのです。この人とは馬が合いそうな気さえしました。もちろん、何の根拠もありません。

それで、私は情報提供から始めました。同じ工学系学校の学生の応募状況や、体験入学を実施している学校の話など、周りの状況を知らない担当者が意外と多いのです。

私の情報提供に対して、必ずしも反応がいいとは言えません。

「いろいろと情報をいただいて、ありがとうございます。うちは一切広告はやらないのにもかかわらず……」なんて答えが返ってくる。その丁寧な答え方や、心なしか、にこやかな相手の表情が何か気になります。

本当に嫌なら、話も聞かずに追い返せばいい。それなのにアポイントも取れるし、行くとアポキャンセルすることなく会ってもくれました。話も一通り聞いてくれた上に、社交辞令とはいえ、私へのお礼まで口にしてくれるのです。

「本心は何なのか」

近くまで営業に行ったついでに、その学校に、ちょくちょく顔を出すようになりました。


そして3年が過ぎました。

「3年も?」と思う方もいらっしゃるかもしれませんが、しかし、少し考え方を変えれば、そもそも誰も営業に行っていないわけですから、たとえ失敗しても、誰から責められるわけではありません。その分、既存のお客様より、むしろ気分的には楽だという見方もできます。それに、取引があるわけではないので、自分のペースで行けます。実際に訪問頻度は2、3カ月に1回のペース。しかも、その近くに営業に出かける際、事前にアポだけ取って、ついでに立ち寄っていただけです。

そのうち、その学校が実施している体験入学を、休みの日を利用して私自身も参加させてもらいました。

この学校の募集対象である高校生と同じように、何も知らない私が実際に体験して感じた良い点と悪い点を担当者に伝えることは、相手に必ずメリットがあると思ったからです。

体験入学は、実際に面白かった。楽しそうな企画をやっていて、ほかの生徒も楽しそうでした。半面、先生によっては授業で使う言葉が専門的すぎて、私のような素人にはちょっとわかりづらかったり、授業の雰囲気が堅くて、生徒の反応が鈍い場合もありました。

後日、担当者に率直な感想をまとめて伝えると、

「いや、うちはある程度の専門用語を知っている生徒がきているので、問題ありません。それにああいう厳粛な雰囲気が、うちの校風ですから！」

すっかり顔なじみになった担当者から、そんな答えが返ってきました。

あまり参考にならなかったかなとがっかりしていると、その担当者が私に缶コーヒーを買ってきてくれて、「川田さん、でもありがとうございました」とねぎらってくれたのです。

「……でも、普通の人がそう思うのだとわかって、参考になりました」

担当者にそう言われて初めて、ああ、少しは役に立ってよかったと思いました。

缶コーヒー1本ですが、自腹でごちそうしてくださったということは、「多少なりとも、いい印象は持ってもらえているんだな」と実際以上に思い込んでいました。また、私が週末を使って、わざわざ来ているという意識があるはずだとも思っていました。

この頃の私は、とにかくこのお客様から契約をいただくことしか考えていませんでした。しかし、こうしてじっくりと関係を築いていく中で、確かに広告を出して欲しいと思ってはいましたが、それよりも、段々そのお客様を好きになっていきました。勝手ですが思

い入れみたいなものが生まれてきたのです。

自然な気持ちで「こんないい学校なのですから、もっと広告して知らせるべきですよ」と言えるようになっていました。

ちょうどそんな頃、そのお客様から、初めての広告掲載のご契約をいただきました。

「えーっ、川田があのクライアントを口説き落としたぁ〜！」

「いったい、どんな手を使ったのお？」

金額的には決して大きくない案件でしたが、社内的には大いに盛り上がりました。

決して大きな案件にはならない、それでいて今まで誰も入り込めなかった営業先から、ゆっくりと時間をかけてご契約をいただく。

今の私にこれと同じことができるかというと、正直、できないと思います。

新人だからこそ、できた経験だったと思います。

しかし、そのときに学んだ、**「お客様を好きになることの大切さ」**は、その後の私の営業にも生かされていると思います。

契約後、そのお客様から聞いたのですが、以前の担当営業が暴言を吐いたことがあり、それから広告を絶対に出さないと決めていたそうです。

その方は、**もしかすると3年かけて、私という人間を見ていたのかもしれません。**

「あなたには欠点がある」と言われたプルデンシャル生命の面接

「川田さんには、ビジネスマンとして大きな欠点があります。周りの人間に対する感謝が足りません。あなたは、自分一人で仕事をしていると勘違いしていませんか？」

プルデンシャル生命の2回目の面接を受けた数日後、当時の支社長からそう言われました。面接の最中に、お茶を持ってきてくれた女性に対して、ありがとうの一言も、会釈一つもなかったのがその表れだと言われました。

面接で何を話すか、どう自分をアピールするかばかりに気を取られていた私にとって、その指摘にハッとさせられました。

そして、「ああ、これで（面接に）落ちたんだ」と……。その後で支社長は、「でも川田さんには、こんな強みもあります」と話をされたようですが、まるで覚えていません。ガックリくると同時に、なぜか私は、本当のことを言ってもらえてホッとしたというか、「面接を受けにきてよかった」とも感じていました。

リクルート時代、違うと思えば、直属の上司にもあからさまに反論するタイプ。効率よく仕事をしていたため、周りの人への要求も高く、それなのに周りの人への気遣いが足りない。実績は残しているものの、周囲からはあまりよく思われていないんじゃないか……、そんな気持ちが正直ありました（それは私の誤解だったことを、退職のときの送別会で知るのですが……）。

その意味でも、プルデンシャル生命の支社長の指摘が、私の胸には刺さったのです。自分はそんな人間に見えるんだと思うと、どこか妙にスッキリした部分もありました。今までそんな指摘をしてくれる人がいなかったからです。

「面接に落ちたんだなあ。でも本当にいいことを教えてもらえた」。本当にそう思いました。

一度社会人になると、大学生の頃の就職活動での面接以降、**知らない人から、客観的に自分を評価してもらうようなことはなかなかありません。**

ところが、欠点をあからさまに指摘されながらも、面接には合格。

私は迷わず転職を決意しました。

今までの章で偉そうなことをたくさん述べてきましたが、当時の私には「自分の軸」のようなものがなかったように思います。

数字を上げることだけに懸命で、そのほかの大切なことがわかっていなかったように思います。

「新しい自分に成長できるのではないか」という期待感もあり、転職を決意しました。

とはいっても、転職した直後は、実際は不安だったり、自分のことで手いっぱいだったりで、とてもそんな成長はできていませんでした。

しかし、その後の数多くのお客様との出会いや、子供たちの成長の過程で感じたり学んだりしたことが多く、少しずつ「自分の軸」ができ上がってきたように思います。

前職の成功体験は全部忘れて、一から出直す

前職の仕事は法人への広告営業でした。

当時、その業界ではトップ企業。つまり、お客様が当社に広告を出さないという選択肢は、あまりありませんでした。当然、会社名も知らない人はいませんでした。

一方、生命保険の業界では、プルデンシャル生命はほとんど知られていませんでした。私が入社した頃は、電話をして50人くらいに1人、会社の名前を知っているかどうかでした。それゆえ、断られることが普通にありました。

営業の内容も違いました。

リクルート時代は、広告が商品で、ご契約をいただくことが最終ゴール。プルデンシャル生命では、生命保険という目で見て確かめたりすることができないものが商品で、ゴールはご契約ではなく、ご契約いただいた方から新たな方をご紹介いただくこと。仕事のゴールは、ご契約ではなくご紹介でした。

こんな具合で、**同じ営業職とはいえ、仕事内容もゴールもまるで違っていたのです。**

そうなると、**前職でトップ営業だったという成功体験は、素直に吸収するための邪魔にはなっても、何の助けにもならない。**むしろ、過去は一切忘れて、一から出直すことが必要だったのです。

初めてのプレゼンテーションのときのことは、忘れることができない思い出です。

1カ月の研修を終えて、営業に出て、2週間目くらいのことです。

前職の結婚している後輩の自宅に、私を採用してくれた阪本さんと一緒に、初めて保険のプレゼンテーションに行きました。

それまで、研修のときや、初回の訪問など、比較的スムーズにいっていたので、「こんな感じでやればいいんだな」と早くも高をくくっていたのだと思います（そのときはそんな気は全くないのです。それが恐ろしいのです）。

かつての後輩の前で、保険について一つ一つ説明をし、教えてもらったとおりに話を進めていきました。ところが途中で後輩が質問をしてきました。その質問は、想定していなかった、教えてもらっていない質問でした。

私は答えることができず、あたふたしてしまったのです。

顔が真っ赤になっているのが自分でもわかるくらいで、どうしてよいのかわからなくなってしまいました。

すると、阪本さんが横から「それはですね……」と助け舟を出してくれました。

そこから、後輩と後輩の奥さんは、私の顔を見ることはほとんどなく、阪本さんと話をしていました。たぶん1時間以上その状態だったと思います。

商談も終わり、車で行っていたので、私が車の運転をしようとドアを開けると、阪本さんが「俺が運転するよ」と言いました。私が相当のショックを受けていることを知ってのことです。

私は車の助手席に乗り、自分を省みました。

初めてのプレゼンテーションですから、上手にできなかったことは当たり前です。後輩の質問に答えられなかったことだって当然です。そのことがショックだったのではありませんでした。

「うまくできるだろう」といい気になっていた自分を情けなく思いました。「前職の実績や成功体験はゼロにします」と言っておきながら、結局自信過剰になっていた自分を情けなく思いました。「自信過剰……」、転職してからまだ何もしていないのにそんな風になっている自分が情けないと思いました。

いろいろなことを考えている間に、涙がどんどん溢れ出てきて、すすり泣いていました。

阪本さんは一言も話さずに、黙って運転していました。

「今日はもう帰れ」と言われ、その日はそのまま家に帰りました。

家に帰った後は情けないのと、こんなことで本当にやっていけるのかという気持ちで一人、不安になりました。

次の日の朝、阪本さんのところに行き、

「昨日はありがとうございました」

「今日から本当にゼロからスタートしますのでよろしくお願いします」と言い、差し伸べられた手をしっかり握り、握手をしました。

私の中ではその日がプルデンシャル生命に転職して営業をスタートさせた、本当の意味での初日だと思っています。

独身女性に教わった、生命保険の価値

生命保険とは何かを、私に教えてくれた商談があります。

ある日私は、月額の保険料がなんと40万円という、個人の保険のご契約をいただきにいく予定がありました。すでに何度か訪問もしていて、この日、お申込書にサインをもらうだけだったのです。入社1年目の私は、そんな高額のご契約は初めてで、当日は、朝からとても緊張していました。

しかし、ここでお話ししたいのは、その商談ではありません。同じ日のそのアポイントの前にあった、独身女性との商談についてお話しさせてください。

後に控えた大きな契約にドキドキしながら、独身女性のお客様との商談に向かいました。相手は20歳の女性会社員。とてもおとなしい感じの独身の方でした。

私は、その女性に、５００万円の終身保険に、入院給付金が支給される保険をつけたプランを準備していきました。いわゆる「解約返戻金が貯まっていくタイプ」の保険で、入院した際に1日５０００円が支給される特約（オプションのようなもの）もつけた内容です。

一般的に、独身の場合、誰かの生活費や教育資金を考えてあげる必要性は低い。だから入院の給付金が出る保険と、万が一亡くなった場合に備えて、お葬式代として500万円の保険金が出るプランを組み合わせました。若い独身女性対象では、一般的なプランだと思います。

彼女も気に入ってくれて、「ぜひ入りたいです！」と言ってくれたのです。

しかし、ふいに彼女から、私は質問を受けました。

「あの……。もし、私が事故か何かで、早く死んでしまったら、残される母のことが心配です。女手一つで私のことを育ててくれた母は、一人娘の私が死んでしまったら、身内がいなくなります。私が死んだときに500万円があれば、その後の母の生活は、本当に、大丈夫なのでしょうか？」

「今おっしゃったのは、お母さんの生活資金のことですか」

「そうです。万が一の場合、私は、**母の毎日の生活費のこと**が心配なんです」

そう聞いて、私はハッとしました。

そして情けない話ですが、初めて目の前の商談に集中し直しました。

なぜ、彼女は保険に入るのか。

私は、その理由さえ聞いていませんでした。

それなのに、「20代の女性会社員で独身」ということだけで、まだ細かくニーズを聞いてもいないのに、勝手にニーズを決めつけ、プレゼンテーションをしたのです。

そこで、彼女の母親の年齢を聞いて、もし彼女が亡くなった場合に一時金で500万円が出る保険ではなく、彼女が亡くなった場合、母親に対して、毎月一定額の生活費が支給されるものに切り替えて、設計し直して説明しました。

彼女に話すと、「そっちのほうがいいですね」となり、当初のプランから変更することになりました。

もし彼女が早く死亡した場合、母親には85歳まで毎月生活費として12万円が支給されます。

一時金の500万円より、毎月の12万円。

それが彼女が考える「母親への思い」だったのです。ちなみに、彼女自身が払う保険料は月額6920円でした。

結局、入社1年目の一番保険料の高い契約が月額40万円で、一番安いのが6920円。お客様からご契約いただいた保険料の最高額と最低額を、奇しくも私は、同じ日に経験しました。

「これは何かのメッセージに違いない」と私は思いました。神様から「保険の契約に大きいも小さいもないいんだぞ」とメッセージを送られているのではないかと思ったのです。

その独身女性が保険に求めたものは「母親に対しての安心」でした。つまり、娘が母親を心配する気持ち、人が人を思う気持ち。それを形にしたものが生命保険なんだと、私は彼女との商談から教わりました。

生命保険の価値は、保険料額の大小ではない、そう気づかされたのです。

もちろん、新人研修でそういうことは教わります。でも、あくまでも頭で理解しているレベルで、心にしっかりと刻まれてはいませんでした。

だからこそ、彼女と会う前に勝手にプランを作るという行為に出てしまったのだと思います。そして、彼女の母を思う気持ちに触れて初めて、会社から教えてもらっていた大切なことが、本当の意味で理解できたのです。


こういった経験を何回か重ねていくうちに、自分の中にある「営業観」のようなものに、変化が訪れました。

営業という仕事は、お客様と自分は相対する立場だと思っていました。しかし、それは違うと本当の意味で気づきました。

少なくとも気持ちの上では、自分もお客様の隣に座っているような立場で取り組むべき仕事だと思い始めたのです。今ある問題点や課題の解決を、お客様と一緒になって考えていくものだと考えるようになりました。

先輩たちから「最初の2年間は、とにかく多くの人に会い、正しい保険の考え方を伝えていくのが仕事だ。保険契約額が大きいとか小さいとかは一切関係ない。とにかくたくさんの商談を経験しろ」と言われていました。

今なら、その意味がよくわかります。

数多くの人と会わないと、先ほどのような、価値観をも変えてしまうような商談に出会えないのです。

もしそのような商談に出会えていなければ、保険契約を自分の収入を支えるものと考えてしまう、そんな自分になってしまっていたかもしれません。

このように「仕事の意義」や「仕事において大切なこと」を、折に触れ、お客様に教えてもらってきました。

しかし正直に言うと、私は完璧な人間ではないので、一度教えてもらったことも、仕事がたまったり営業成績や報酬を気にし出すことで、いつの間にか優先順位が下がってしまいます。そしてそのままだと、自分自身が仕事のやりがいを感じなくなり、結果、営業成績も落ちてくるのです。

ではそうなってしまう前に、どうやって再び大切なことに気づき、大切なことを取り戻せるのかというと……。

それは必ず、**お客様がまた教えてくれるのです。**

トップ争いで自分を見失う

基本的なことを見失ってしまっていたのは、新人のときだけではありません。この話は、入社8年目のことですが、あえてここでお話ししたいと思います。

プルデンシャルが、国内外の生命保険会社と違っている点がいくつかあります。その一つに、家族愛を形にしたのが保険だという考え方に根づいていて、それが社内の評価制度にまで結びついている点が挙げられます。

具体的に言えば、個人を対象とする死亡保障の保険を重視しているところ。万が一、世帯主などが亡くなられたときに、**残された家族を守るのが保険の大事な役割**と考えているのです。

営業マン・ウーマンの年間チャンピオンで「プレジデント・トロフィー」、通称「PT」と呼ばれる約2000人の営業マン・ウーマンの中でもっとも高い実績を上げた人に贈られる称号があります。

その評価基準でも、それは反映されていて、まずは大前提として年間の売上実績が一番高い営業であることなのですが、法人の保険など金額の大きい保険をいくらご契約いただいても、このPTにはなれません。

家族愛を形にしたのが保険であるという考え方にもとづき、個人の保険のお申し込みが50件以上必要なのです。普通は一番実績の高い人がトップと考えるものだと思いますが、ここまではっきりと企業理念を反映させるのも、すごいことだと思います。

実は、入社8年目のとき、私は2度目のPTになり損ねました。今思うと、トップ争いに集中するあまり、自分を見失いかけていたのです。

書きにくい部分もあるのですが、私にとっても忘れられない出来事なので、正直にご紹介します。

PTは、一年間の成績で争われます。このときの私は、最後の最後までトップ争いを演じていました。

トップを争っている人たち同士はお互いを意識し、周囲の人間が声もかけられないような、張り詰めた雰囲気を漂わせています。

ただ、私のイメージでは、最後まで本当にあきらめないで、自分がトップを取るんだと強く信じられた人に、やっぱり神風が吹くのです。私自身、入社5年目でそんな神風体験をして、実際にPTを取っていました。

その神風が、再びいつ吹くんだろうかと思いながら、8年目も日々の営業活動に集中していました。すると本当に神風がブワーッと吹いてきました。今まで紹介してくださらなかった方から、急に「実は知り合いで、保険に入りたくて急いでいる人がいるから」と連絡が入るとか。しかも、それが何年に一度しかないような、大きな契約だったりするわけです。すると、私自身、「これは神様がトップを取れと言ってくれているんだな」と、そんな気持ちになっていきました。

売上全体の実績ではトップを取れるという見込みがついたのが、申し込み締め切りの5日前。気がつくと、もう一つの条件である個人の保険のご契約件数が27件しかありませんでした。そこで、「よし残り5日間で、個人の保険を23件どうにかしよう」と考えたのです。

新規のお客様ではなく、私は既存のお客様にお願いして、トップを争っている事情をご説明した上で、追加で個人保険に入っていただく方法を取りました。それで個人の保険のご契約を、なんとか50件にしたのです。

応援していただいたお客様の中にも、

「もし、川田さんがトップになったら、表彰式でスピーチするのを、私も聴きに行きたい」

とまで言ってくださる方々が現れ、もうお客様まで巻き込んだ、一大イベントの様相になってきていました。そのおかげで規定の件数をやりきることができました。

しかし、営業数字を締めた後、会社側から、私に対して〝物言い〟がついたのです。

「1年かけて個人保険を27件しか提供できていない人が、残り5日間で23件のお申し込み。その内容を見ても、これはちゃんとしたニードセールスなのですか？」

それが会社側の疑念でした。

ちゃんとしたニードセールスなのか――その指摘に、私はハッとさせられました。**ニードセールスとは、お客様にとって本当に必要とされるものを提供すること**です。

会社側の言い分は、その23件のお申し込みは、家族愛を形にしたものが保険だという考え方に、ちゃんと立脚したものなのか？　ただ、川田がＰＴになりたいから、自分の既存顧客にお願いをして、個人の保険の50件をこなすために入ってもらっただけではないのか？　ということでした。

そんなわけで、私はＰＴになれなかったのです。

そのときは、協力していただいたお客様の期待を裏切ってしまい、申し訳ないと強く思うと同時に、会社の判断に対して納得できない思いが強く残りました。

私は社長にも直談判しました。これはニードセールスだと言い張ったのです。

今考えると、恥ずかしい限りなのですが、私は完全に自分を見失っていました。

当然ながら、生命保険は家族愛の元に成り立つ、という理念を貫き通した会社が正しい判断をしたのです。その年のＰＴとして認定されたのは、同じ歳の同僚でした。

彼が、会社の代表としてＰＴにふさわしかったのです。

その数日後、あるお客様から、こんなことを言われました。

「川田さん、お金とか順位をモチベーションにするのは限界がある。だけど、人に喜んでもらったり、感動してもらうことには限界がないんだよ」

私がPTになるのを応援するために、高額な保険にポンと入ってくださったその方のところへ、後日、保険証券をお渡しに行ったときのことです。

応援していただいていただけに、申し訳ありませんでしたとお詫びしました。すると、その方から「川田さん、ちょっと時間ある？」と言われて、ご自宅近くの海辺を一緒に散歩しました。

突然、そう聞かれました。

「アメリカの大リーグのデレク・ジーターっていう、ニューヨーク・ヤンキースの野球選手を知ってる？」

突然、そう聞かれました。私は大学までサッカー漬けの生活だったので、その選手名は知っていましたが、大リーグ選手については、それほど詳しくありませんでした。

その方の話によると、ヤンキースの遊撃手（ショート）で主将でもあるジーター選手は、二塁ランナーになったとき、次の打者がヒットを打てば、必ず三塁を回って本塁まで突っ込むらしいのです。その試合が0対1で自分のチームが負けていようが、反対に10対0で勝っていようが、その試合状況や得点差にかかわらずに彼は突っ込むらしい。

しかし、それは彼の個人成績とか収入、あるいはチーム内での評価を優先的に考えるなら、まるで無謀なプレイなのです。その打球の方向や勢いによっては、本塁でアウトになる危険性も高いわけですから。

では、なぜ彼が本塁へ突っ込むことにこだわるかと言えば、彼が二塁走者になったとき、スタンドのお客さんたちはいっせいに立ち上がる。立ち上がった人たちが、ジーターが本塁に突っ込むのを期待して、敵も味方も関係なく、全員が「ウォーッ」とすごい歓声を上げるらしいのです。球場だけではなく、全米のテレビの前でも野球ファンたちがすごく興奮して、その場面をワクワクしながら待っているんだというのです。

「ジーターは、そんなファンの期待をよく知ってる。だから、彼は本塁でアウトになるリスクや、無理に突っ込んで本塁上でケガするかもしれないリスクを承知で、突っ込む。それは野球ファンに対して感動を与えることを、彼自身が、何よりも優先しているからなんだよ。だから川田さん、あなたの今回の件もね、もう社内のそういう順位とかそんなものからは卒業しなさい、というメッセージですよ」

確かに、「プルデンシャルのPT、○年度のトップだったんです」なんていうのは、会社のビルから一歩外に出れば、誰にも、何の関係もありません。

誰かに感動を与えているわけでも、誰かの役に立っていることでもない。むしろ反対に、今回は自分のお客様に、自分のために保険の加入までお願いしてしまったのです。

目の前の順位や数字ばかりに心を奪われている限りはダメなんだ。そう気づいた瞬間、私は自分が恥ずかしくなると同時に、すごく気持ちが楽になったのです。

そのときの海辺の情景や、その方の穏やかな話しぶりや横顔なども、今でもはっきりと覚えています。

「人に感動してもらったり、自分が感動することには限界がない。だから、あなたも今後はそっちの尺度で仕事をしていきなさいって、今回の件はそういう意味だよ」

そうおっしゃっていただいたのです。

営業マン冥利に尽きる話でした。

仕事を通して、そういうお客様と出会えること、そして自分に足りない部分まで、直接教えていただけること。それらを含めて、まさに営業の醍醐味です。

そのときは懸命にこらえましたが、もう少しで涙がこぼれそうでした。その方にも協力していただいた上に、期待を裏切ってしまった私に対して、温かい言葉をかけていただけたことが、本当に申し訳ないし、本当にありがたくもあったからです。今、こうして書いていても、目頭が熱くなってきます。

実は、この日忘れられない場面が、もう一つありました。

その日、家の最寄り駅まで帰ってきたら、雨が降っていました。そこで妻に電話をして車で迎えにきてもらいました。マンションの駐車場からエレベーターで上がるとき、私は妻にこう言いました。

「今回のPTの件だけど、よくよく考えたら、たいしたことじゃなかったよ。今日も、ある先生にこんなこと言われたんだ。だから、結果的にはよかったのかもしれない」

すると、エレベーターの中で、妻が突然せきを切ったかのように泣き出したのです。結果が出てからの約1カ月間、明らかに尋常ではない私の様子に、口には出さないものの、妻は相当心配していたのです。精神的におかしくなってしまうんじゃないか、と。

それもあって、私の「結果的にはよかったかもしれない」という言葉に、彼女が私以上にホッとしてくれて、思わず涙がこぼれ出たそうです。

そのとき改めて、家族をそこまで巻き込んでいたことに気づかされました。どれほどまで、自分を見失っていたんだと。

よくよく思い出してみると、PTがダメだとわかった時点で、すでに私は子供たちにもそう伝えていて、小学生の子供たちも泣き出したりしていました。にもかかわらず、私はその光景の異常さにも何ら反応を示していなかったのです。そう気づいたとき、改めて背筋がゾッとしました。

このとき仕事に対する一つの基準ができました。

それは**お客様、家族、そして周囲の人間を、自分の勝手な都合に巻き込まない**こと。
情けない話ですが、40歳も近くになってそんなことに気づかされた、今となってはいい経験です。

最初は「出世」や「お金」のためでいい

最近の若い人は、新人の頃から仕事にやりがいを求める傾向があると聞きます。それは決して悪いことではありません。素晴らしいことです。

しかし、**私はあえて、営業マン・ウーマンが最初に目指すのは「出世」や「お金」のためでいいとお伝えしたいのです。**

そのほうが、**本当に苦しいときに乗り切ることができる**のではないでしょうか。

実は、リクルートからプルデンシャル生命に転職した理由を、当初は、
1番の理由は、生命保険業界を変えたいから。
2番目が、完全実力主義の世界で、どのくらい自分が通用するのか試したいから。
3番目にお金を稼ぎたいから。
と話していました。

あくまでも「お金」は3番目でした。

今ははっきりと言えます。

あの頃の一番の理由は、「お金を稼ぎたかったからだった」と。

なぜ今、それをはっきりと言えるかというと、

仕事をする上で一番大切なのは、「地位」や「お金」ではないということが、逆にわかったからです。

いろいろな方々と出会い、そこからさまざまなことを感じ、学んだことは、ほかの何物にも代えがたい私の「人生の財産」となっていったのです。

そしてそれは私の子供や次の世代の人たちに少なからず受け継がれていくのだと思っています。


しかし、それをはじめから求めていたわけではありません。

はじめはとにかく実績を上げることだけを考えて、がむしゃらに突き進んできました。

私の場合、**つらいことも「自分のため」だったから乗り越えられた**のだと思います。

その時期があったからこそ多くの「ご縁」に恵まれ、少しずつ少しずつ成長して、今の自分がいるのだと思っています。

皆さんにも素晴らしい「人生の財産」を手に入れていただくためにも、そしてそれを次に伝えていただくためにも、
最初はかっこつけることなく、「自分のため」「お金のため」に、がむしゃらに働いてほしいのです。

第5章

営業とは、お客様と物語を作る仕事である

営業という仕事は、何が一番面白いのか？

それは「いろいろな人と出会えること」と私は考えています。

ただ出会うだけではなく、ただ商品を売るだけでもなく、さらに進んだところでお客様と物語を作ることができたとき。その物語の中に確かに自分がいて、そこから何かを感じ取ることができたときに、

「営業って面白い！」と、心の底から思えるのではないかと私は思います。

この章では、お客様と営業の「物語」から、いったい何が生まれるのか、それを少しでも感じていただければ幸いです。

営業マニュアルに込められた、本当の意味

営業会社などの場合、営業のマニュアル本のようなものが会社で用意されていることも多いのではないでしょうか。プルデンシャル生命でも「ブルーブック」と呼ばれるいわゆる営業マニュアル本のようなものがあります。

私が入社したときにとにかく一番驚いたのがこの「ブルーブック」でした。当時の支社長に解説を受けながら1カ月間「ブルーブック」をもとに営業の研修を缶詰になって受けました。

読み進めていくと、「なるほど、だからあのときの商談はうまくいったんだな」とか「だからダメだったんだな」と、自分の前職時代の商談を分析することができました。「こんなマニュアルがあれば前職でも、もっと実績を上げることができたのではないか」と思いました。

私は転職後、リクルートの社内報で「リクルートのOBが外から見たリクルート」という内容で取材を受けたことがあります（こういう内容で社内報の特集を組むリクルートという会社は、本当にすごい会社だと思います）。

その際に、こんなことを話しました。

「営業がものを売るためには3つの力が必要である。

1つは商品力、1つは営業力、1つは人間力。

私は在職時代、リクルートは営業力の長けた会社だと思っていましたが、それは違っていました。リクルートは商品力と人間力に長けた会社であって、営業力はゼロに等しい。なぜならリクルートの営業力は個人個人に属していて、聞く相手によって教え方が違う。実は今思えば同じことを言っていたと思うことが多いのですが、新人の頃はそれが、わからなかった。

もっと共通の言語で共有できる営業のマニュアルのようなものがあり、教育する仕組みが整っていれば、リクルートの営業はもっと売れるようになるのではないかと。

しかし、リクルートが最も長けていると思われる人間力は、教育してできるものではない。そう考えるとやはりリクルートという会社はすごい会社だと思う」

リクルートの営業一人一人には、それぞれの感覚で営業力が備わっているけれど、会社自体には、その仕組みがないということです（リクルートのような新規事業をどんどん立ち上げていく会社には、マニュアルはないほうがいいのかもしれませんが……）。

さて、それでは営業マニュアルとは、どんなものなのでしょうか。

先日ビジネス系の雑誌で、営業マニュアルの特集が組まれていました。

「こうやってお客の不安を増長させて契約に至るようにする」とか、

「こんな風にしてお客が契約するように持っていく」など、さまざまなことが書いてありました。

読んでいて、私が違和感を覚えたことがあります。

これはもしかすると営業という仕事に関係している本人たちにも勘違いされていることなのかもしれません。

それは何か？

本来営業マニュアルとは

「契約にたどり着くためのノウハウ」ではなく

「お客様によりわかりやすく商品の必要性や内容を理解していただくためのノウハウ」をつづったものだ思うのです。

この違いは簡単に言ってしまえば、主役が売る側にあるのか、それとも買う側にあるのかということです。これは似ているようで表裏のように違います。

営業の教育をしている方々にも強く言っておきたいのですが、その教育は顧客のためであって、営業マン・ウーマンのためではないと私は考えています。

結果として契約に至ったり、営業成績になるだけであって、あくまでも「**お客様の満足があって、その副産物のように存在しているもの**」だということを再度認識していただきたいと思います。

「お客様に役立つために読むもの」という気持ちで、営業マニュアルや先ほどのような雑誌を読んでみてください。

全く違うように読み取れるはずです。

とにかくお客を説得するためのノウハウを探している営業マン・ウーマン、契約に至るためだけを考えて指導する上司では、営業の仕事は長続きしません。

「何きれいごと言ってんだよ！　結局は同じことじゃないか」と言われる方も多いと思います。

そのとおりです。結果的には同じことかもしれません。でも、それを手にするときにどっちの気持ちで読み始めるか、初めて会ったお客様に挨拶するか、商談を進めていくか、は全く違うものになるはずです。

なぜなら先ほどもお話したように、**お客様は空気を感じる天才だからです。**

営業という仕事で悩んでいる人はもしかしたらそこに問題があるのかもしれません。

私だって成績は上げたいです。自分のことだけを考える自分が顔を出すこともあります。だって完全歩合で仕事をしているのですからなおさらです。**だからこそ、意識的にお客様の立場でものを考えるようにしないといけないのです。**

私がプルデンシャル生命の新人の頃、こんなことを教えてもらいました。

「お客様の自宅にプレゼンテーションに行くとき、玄関に手を当てて、『今日私はあなたたちのことだけを考えてお話をします。ですからどうかご理解ください』と唱えてから、家のチャイムを押しなさい」

これはお客様にメッセージを送っているのではなく、自分に対して送っているのだと思います。

馬鹿らしいことかもしれません。

でもそれくらい、営業マン・ウーマンは自分本位になりがちなのです。

だから先ほどのような視点の雑誌の内容もそのまま自然に受け入れられてしまうし、それをそのまま飲み込んでどんどん自分本位になることに麻痺してしまうのです。

雑誌を編集する側や営業マニュアルを作った人がすでに麻痺して勘違いしてしまっていることも多くあると思います。

営業マニュアルを読む、先輩から営業について教えてもらう、上司に営業のことで相談する、お客様に接する。そんなとき、もう一度自分の立ち位置を見直してみませんか。

これは忘れてはいけない、私自身へのメッセージでもあります。

営業とお客様の頭の中は、こんなにも違う

ライバルは同業他社でなくお客様の周りにいるすべての営業マン・ウーマンだということは何度もお話してきましたが、今度は、お客様と営業の頭の中はどのくらい違うのかというお話をしたいと思います。

企業の経営者の方と法人の保険についてお話しするときにその違いは顕著に出ます。私たち営業の頭の中は、当然ですが、保険を売ることしか考えていません。仕事中は100％保険のことでいっぱい。ある意味正しい姿です。

しかし、私たちが訪問するお客様の頭の中は違います。保険の営業と会っている間でも、保険への興味は、経営者の頭の中に20％もあればいいほうです。それより頭の大半は、会社の売り上げや資金繰り、あるいは、従業員のモチベーションを上げるにはどうしたらいいか、ということなどです。**お互いの頭の中が違えば、会話は成り立ちません。**

たとえば、電気製品をヨドバシカメラに買いに行く場合、お客様と家電量販店の販売員の頭の中はミスマッチにはなりにくい。お客様は電気製品を買うのが目的で、販売員はそれを売るのが目的だからです。

資金繰りを考えている経営者と銀行員の関係も同じだと思います。

ところが、生命保険はやっかいです。

先のとおり、買う人と売る人の、頭の中が違いすぎる場合が多い。

多くの営業がそこを見誤っている。だから売れないのです。

そこで、**相手目線にきちんと立ち、お客様が20%程度（もしかしたら5%くらいかも）しか保険には興味がないという前提で、話をしなければいけません。**あるいは発想を切り換えて、**お客様が常に考えている問題に、いいアイデアを与えてくれる人間となら、お客様も話をしたいと思っている**と考えるべきなのです。


いいアイデアとは、必然的にそれは残りの80%のほうにあることが多いのです。

お客様の考えていることをすり合わせるためにも、ときには仕事から少し離れたところでお客様と接してみることをおすすめします。

営業成績を上げることは確かに大切ですし、刺激的で面白いことではあります。

でも実は、**営業の面白さの半分はそこから少し離れたお客様との関係にあると思います。**

そして仕事を通した「人としての成長」のほとんどは、そんなお客様との関係にあると私は思っています。

仕事を離れたところでお客様と自分との「物語を作る」ことを、皆さんにおすすめします。

最初のアポは体も心も、手ぶらで訪問する

初めてお会いする方が経営者の方の場合、資料などは持たずに、手ぶらで訪問するのが基本です。

この手ぶらというのは何も持っていかないという意味ではなく（本当に何も持っていかないこともありますが……）「保険の話をするぞ〜！」とは全く思っていないという意味です。カバンは持っていきますが保険の資料などは入っていません。白い紙くらいです。

せっかく、経営者のアポイントメントを取っておきながら、商品説明もしないなんて信じられない——そう思われる方が多いかもしれません。実際、私が商品パンフレットや、会社案内などを一切並べないことを、意外に思われる経営者の方もいます。

私が最初の訪問で重視するのは、全神経を集中させて、その会社の隅々まで注意深く観察すること。その会社が発信している「情報」を、できるだけ素早く、的確に読み取る。

複数の新聞やビジネス書を小まめにチェックして、世間話のネタにするより、私には、はるかに重要なことです。

もう少し具体的に書きますと、

たとえば、会社に入ると、先代の経営者の写真が飾られてあるのか。営業部の壁にはど

んなスローガンや、営業成績表が貼られているのか。訪問者である私に対する、従業員の人たちの態度はどうか。挨拶がしっかりしているのか、結構ぞんざいか。職場に覇気があるのかないのか……。掃除は行き届いているか。趣味を感じさせるヒントは何かないか。数えればキリがありませんが、こんなふうに、いくつかのチェックポイントがあります。

当たり前ですが、会社には社員の方など、たくさんの人が集まります。

どんな人が働いているのか、そしてどんな社風なのか。またオフィスには、経営者の哲学やこだわりが随所に見られます。そう、会社とは、経営者のこだわりや思い、あるいは悩みの種がいっぱい詰まった宝庫。それらが私の「営業の種」、貴重な情報源なのです（すでに保険から離れた考え方です）。

業績の善し悪しにかかわらず、どんな経営者でも、何らかの悩みを絶えず抱えています。それは営業力の質の向上だったり、若手社員の効率的な育て方や後継者育成だったり、会社によって違います。そんな経営者の悩みや問題意識が、たとえば、社内スローガンや、私に対する従業員の人たちの対応などに、垣間見えることがあります。

社内を観察しても、「営業の種」がなかなか見つからないこともあります。そのときは、**経営者と会って、話を聞きながら種を探します。**話の中に、何か「種」につながるヒントが見つかる場合もあります。いずれにしても、**自社商品パンフレットや会社案内を説明するよりも、「種」探しのほうが大切な時間なのです。**

何かしら、経営者の悩みにつながっているように直感したことを、遠回しに質問したりもします。すると、私の何気ない一言に反応して、「実は……」と、おもむろに悩みを話し始めることもあります。それは、初対面の私に対して、経営者の心の中で小さな信頼が芽生え始めている兆《きざ》しなのです。

大切なのは**本気で目の前のお客様（この場合経営者と会社）の役に立てないか？**と思いながら接することです。

お客様にとっての「真の興味」はどこにあるのか？

経営者の方の頭の中にあるものは、保険のことではなく、会社の売り上げや資金繰り、あるいは、従業員のモチベーションを上げるにはどうしたらいいか、ということだと書きました。では、そこに応えるべく、何かヒントなる話ができれば、こちらの話に耳を傾けてもらえるかもしれません。どんな話が経営者のヒントになるのでしょう。

私の場合、幸い親会社が１３０年以上の歴史のある保険会社にいます。そこには経営者であれば知りたいことが溢れています。

まずそういった視点で、**自分の会社を見ることが大事です。**

たとえば、プルデンシャル生命には「コアバリュー」というものがあります。

これはプルデンシャル生命で働く人がビジネスマンとしてだけでなく、人として共通して心に刻む、いわばバイブルのようなものだと思います。

訪問した先の経営者に紹介したりすると、関心を持たれる方が非常に多いのです。

プルデンシャル生命には、次の４つの観点でコアバリューというものがあります。

①信頼に値すること

②顧客に焦点を合わせること
③お互いに尊敬し合うこと
④勝つこと

それら4つに対して、年数回、社内でブレインストーミングをします。5人程度のグループで、それぞれのテーマについて、各自が考えることを書き出し話し合います。

たとえば

①「信頼に値すること」というテーマなら、「**アポイントの5分前には現地に到着している**」とか「**専門知識を身につける**」など
②「顧客に焦点を合わせること」なら、「**電話があったら、必ず1時間以内に折り返し電話する**」とか「**相手の話をよく聞く**」など
③「お互いに尊敬し合うこと」なら「**元気に挨拶をする**」とか「**家族を大切にする**」など
④「勝つこと」なら「**目標を達成する**」とか「**毎朝6時に起きて走る**」など

といった具合に各々がテーマに合った自分の行動指針みたいなものを自由に書き、机の上に置いておくのです。

一社会人としてたまに立ち止まって、自分の行動指針を考える時間を持つというのは、社員のモラル上や、お互いに関心を持つ意味でも大切なことなのだと思います。

そんな話を、経営者や役員の方などに話したりすると、「なるほど！」と、自分の会社に照らし合わせて、経営のヒントの一つとして興味を持たれるのです。

こういう話から「あの営業は面白い話をする」と、川田修という人間がお客様の記憶に残るのです。

「でも商品の話もしたい」。そんな声が聞こえそうです。

そういう気持ち、私だってあります。

でも大丈夫。そんなことを話さなくたって、あなたが営業マン・ウーマンであることはお客様もわかっているのですから。

相手が本気のときは、お世辞は言わない

「うちの息子を、会社の役員に迎え入れようと思っているんだが、川田君はどう思うかね？」

ある経営者から、そんな質問を受けたことがあります。

すでにお取引があり、一定の信頼関係ができ上がっている方でした。質問自体は、私の本来業務とは関係ありませんが、そのときのお客様のニーズ、もっとも気になることだったのです。

息子さん30歳、当時レストラン経営に取り組んでいて、かなりの人気店になっているようでした。だが父親としては、息子に会社を将来継がせたいと思っている。だから、レストラン業にのめり込まないうちに、会社に入れてしまいたいと考えたのです。しかも、役員待遇での入社を検討していました。

従業員にも、同業者にも言えない悩みだったのです。

手当たり次第、誰にでもできる類の相談ではない「本気の相談」です。

おだて上手な営業なら、

「さすがは社長、大胆な人事ですねぇ。社長の息子さんなら、優秀でいらっしゃるから、それで大丈夫ですよ」

そう適当にヨイショして、終わらせてしまうかもしれません。

しかし、私はそんなお世辞は言いませんし、言えません。

むしろ、そんな**聞きにくいことを私に質問してくれた、お客様の信頼に応えなければいけない**、そう考えます。


「まだ30歳なら、レストラン経営で当分がんばってもらったほうが、いいんじゃないでしょうか」

自分の考えを率直に伝えました。たとえ相手の意向と違っても、それが私の誠意だからです。相手にもそれは必ず伝わります。

私自身、一度転職を経験しました。30歳で今の会社に移り、必死に働いて実績を残してきた数年後、ようやく「ああ、自分も大人になったなあ」と感じたことがあります。もちろん、それなりの失敗と成功を経験してきたおかげです、と私自身の話もつけ加えました。

「レストラン経営も、今は調子がよくても、いつか苦しい時期がくるかもしれません。そんな苦労が、息子さんをきっと成長させてくれると思います。将来、社長の跡を継がれる場合も、そんな経験を生かせる場面が出てくるのではないでしょうか。あるいは、今どうしても会社に入れたいと思われるのなら、いきなり役員待遇ではなく、現場仕事から学ばれた方が、長い目で見たらいいと思います」

本来業務とは無関係でも、経営者から求められれば、自分の率直な意見を伝えなければいけません。たとえ私の稚拙な経験にもとづくものであってもです。相手が「本気で相談」してくれているならなおさらです。

「ただしそれまで社長は元気でいないとダメですから、お酒もほどほどにしてくださいね」という言葉もつけ加えたことを、皆さんにお伝えしておきます。

言うべきときは、恐れず、率直に自分の意見を伝える

ある法人のお客様から会社に帰ってきたら、その会社の社長から電話がありました。

「鍵を忘れてないか？」と聞かれました。

実際、私はそのとき家の鍵を探していました。

「申し訳ありません、今から取りに行きます」と言って、私はすぐにその会社に戻りました。

すると、多分社長のものであろうハンカチの上に載せてある、私の鍵を渡してくださいました。

私は「わざわざ何でご丁寧にハンカチの上？」と思いましたが、すっかり恐縮してしまって、「そんなご丁寧にありがとうございます」と言って、

「ところで、どこにありましたか」と尋ねました。

「社長室のトイレに落ちてたよ」

「えっ、トイレのどこにありましたか？」

「トイレと言ったらトイレの中だよ」

（トイレの中、ハンカチの上、もしかして？）

そうです。便器の中に落としていたのです。

つまり、ハンカチはご丁寧でもなんでもなく、その上に載せざるを得なかったわけです。「すみません！」（あれ待てよ？　いったい誰が便器の中から拾い上げてくれたんだ？）するとと察したように社長が、「僕が取ったよ」と。
もう恥ずかしいやら、申し訳ないやらで、「本当に申し訳ありません」と何度も頭を下げたのです。

一方の社長は、「いやあ、これで君と君の鍵に、運をつけてあげられたね」とか冗談めかして笑っている。一本取られました。

「まあ、川田くんには本当にいろいろ、ありがたい意見をもらっているから、全然構わないよ。この間も、僕に元気がないって、はっきり言ってくれたじゃないか」

ふと、社長がそう言われました。

以前その社長を訪ねたときのことです。決して経営状況が良くないときに「うちの会社、どう思う？」と社長に尋ねられたのです。そこで私は、

「では、思っていることを一つだけ言っていいですか？」と確認した上で、

「経営のことを何もわかっていない私がこんなこと言ったらすごく失礼かもしれないですけど……、社長の元気がないと思います。社長が元気がないと、きっと会社の人たちも元気がなくなると思います。やはり社長が元気でいることが、従業員の人たちにとっても自信につながるはずです」と生意気なことを言いました。

社長の立場になって考えて、率直に言うことにしたのです。「そこまで言っても今の社

長なら怒らない、逆にそれを望んでいる」と感じたからです。

普通の営業なら、絶対言わないことだと思います。でも、あのときの対話が、社長と私の絆を強くして、ハンカチの上の鍵につながったのかもしれません。

こんな若輩者の私に「どう思う？」と聞かれるくらい経営するというのは大変なことだということが、こういった経営者の方々とのやり取りで感じられます。私の父も小さい会社を経営しながら出入りする人にそんなことを質問していたのかもしれません。

吹雪の中の一言

「川田さん、両親の保険を見直してほしいんですけど」

今から10年以上前にお客さまからお電話をいただきました。

私たちは紹介だけで仕事をしているので、こういったお電話をいただくことが、たびたびあります。

それはいい仕事をして、お客様から信頼をいただいた証でもあると思っています。

「電話番号は０１５５の……です」（どこだ？）

詳しく聞いてみると、北海道の帯広市というところでした。

「飛行機代を出しますから、行っていただけませんか？」

そこまで言っていただけるなら、行かないわけにはいきません。

「ぜひお邪魔させてください！　飛行機代は自分で出しますよ」

そんな流れで、１９９８年の12月、私は十勝帯広空港にいました。

空港からバスに乗り、タクシーに乗り換えその方のご自宅に着きました。

雪景色がきれいで、「深々《しんしん》と雪が降る」という言葉の意味を初めて知りました。

部屋に入ると、ただでさえ、見た目の怖い人がいて、なぜかムスッとしている。その人が、私が会いにきたお父様でした。予想していた空気とまったく違うのです（ここからその方をMさんとお呼びします）。

「わざわざすみませんね」「なるほどなるほど、では加入します」とスムーズにことが運ぶものと思い込んでいた私も悪いのですが、それにしても、どちらかというと嫌がられている感じさえしました。

「申し訳ないけど、俺は保険が嫌いだから」（ここまで来たのに、どういうこと？）

でも冷静に考えれば、東京でお客さんとお話しするときはそんなことは日常茶飯事です。私は気を取り直して、一からお話をしていきました。

きちんとお話をしていけば、なんてことはない。よくある〝食わず嫌い〟でした。今までしっかりと生命保険の話を聞いたことがなかっただけで、その必要性、内容などご理解いただき、ご夫婦でお客様になっていただきました。

それだけでなく、Mさんは「知り合いにも話をしてほしいから今度来るときは、1日時間を空けてきて」と、後日多くの方をご自宅に呼んでくださり、私に保険の話をさせていただく機会をくださいました。

そこから始まり、紹介が紹介を呼んで、今では帯広に個人法人含めて100名近くのお客様がいらっしゃいます。

それから1、2年して、気づくと私は帯広に頻繁に行くようになっていました。

実際に商談もあったのですが、何が楽しみかというとMさんと会って、一緒にご飯を食べるのが楽しみでした。

Mさんも「今日は何時に仕事が終わるんだい？」と、いつも食事をせずに待っていてくださいました。

夜の22時や23時に仕事が終わることも多々あり、それから食事をしに行き、Mさんの部屋で深夜2時くらいまで話をして、私はホテルに帰る。そんな感じでした。

Mさんとは本当にお互いいろいろな話をしていました。昔の恋愛話から、政治のこと、生き方のこと(お互いに家族には話せないようなことまで)、とにかくくだらないことでも、Mさんと話をしていると楽しかったのです。

ある日、吹雪の中を士幌（帯広から40キロくらい離れたところ）まで、営業に行くことがありました。「東京もんには危ないから」とMさんが運転して私を運んでくれました。周りはただでさえ、電気も何もないようなところでしたが、吹雪のせいで、私では、いったいどこにいるのかさえわからない状態でした。

「じゃあ、俺は車の中で待ってるから。気にしないで仕事してこいよ」と私は車を降り、Mさんは外の車の中で待っていることになりました。

思いのほか商談が長くなり、その場でお申し込みをしていただくところまで話が進みました。3時間近くなったと思います。

外に出ると、車さえ見えないくらい吹雪いていて、なんと車もタイヤが隠れるくらい雪に埋もれていました。驚いて心配して窓を「ドン！　ドン！」と叩くと、Mさんが笑っていました。

「どうだった。うまくいったか？」それがMさんの第一声でした。

そして2人で吹雪の中、車の周りの雪かきをして、その家を後にしました。

車を走らせるとどんどん吹雪がひどくなり、本当に2、3メートル先がまったく見えないような状況で、道路の路肩も、対向車の有無もさっぱりわからない、車のライトも少しも用を足さない状態で、どこを走っているのかも、わからなくなってきました。私は怖くなってきて、

「これで路肩にでも落ちたら、誰にも気づかれずに死んじゃうんじゃないですか？」と、おそるおそる聞くと、

「そうだな、死ぬかもしれないな」とMさんが答えました。

後で確認したのですが、Mさんも（本当にまずいな！）と思っていたそうです。

「……どうしてこんな大変なときに、僕につき合ってくれたんですか？」と尋ねると、

「そうだな。俺があんたのことを好きだからだろうな」という言葉が返ってきました。

私は言葉が出ませんでした。

数年前は知るはずもない遠くに住んでいる人が、何のご縁かこんな吹雪の中、死ぬかもしれない状況で、私のことを「好き」だと言ってくれている。

考えられないことです。

そのときに私は思いました。「私だったらこんな風にできるだろうか？」「こんな出会いに恵まれて幸せだ。私がこの人に何か助けを求められたら必ず応えるようにしよう」と。

これは、私とMさんとのご縁で起きたエピソードの一つにすぎません。

私は現在もMさんから多くのことを学び、感じさせていただいています。

Mさんとは今でも仲のいい「親友」です。

20も歳の離れた人に失礼かもしれませんが、その言葉が一番しっくりくる関係です。

本は内容だけでなく、気持ちを贈るもの

冒頭にも書きましたが、恥ずかしながら、私は本をほとんど読みません。

そんな私が、野口嘉則氏の『鏡の法則』（総合法令）という本を手にしました。「読んだ人の9割が涙した感動のストーリー」ということで、数年前にベストセラーになった一冊だそうです。

「川田さんどうしたんですか？　本なんて読んじゃって」仲のよい後輩からそんな失礼なことさえ、言われました。

理由は、ある深夜のテレビ番組で、『鏡の法則』という本で9割の人が泣いたと書いてあるが、それは本当か」と検証するコーナーがあり、そこで「あのジャガー横田が読んで泣けば、9割の人が泣いたと言っていいだろう」という奇妙な理由づけの下、番組内で彼女に『鏡の法則』を読んでもらい検証する。といういかにも深夜放送らしい内容でした。

ジャガー横田さんは、読みながら本当に泣いていました。そのスタジオに出演していた芸能人や観覧者の人も、「これはすごくいい本で、私も泣いた」と言っていたのです。そこで私は「これは面白そうだ」と思い買ったわけです。かなりミーハーな理由です。しかも30分くらいで読めるというのが何より素晴らしい。

読んでみると私も本当に涙が溢れてしまいました。

自分の周りに起こっていることのすべてのことは、自分に原因がある。ということに共感し、涙した私は、いろいろな方々に、この本をプレゼントさせてもいただきました。

ただし、私がプレゼントしたのは本だけではありません。

お贈りさせていただいた人への私の思いと「私はこの本を読んで、こんなことを感じました」という自分の感性を一緒にお贈りしているつもりなのです。


一つ、こんなエピソードがあります。


ある日私は還暦も過ぎたあるお客様と、ホテルのラウンジでお茶をしていました。

そのお客様は悩んでいらっしゃいました。

一見順風満帆に見える方でも、人それぞれ悩みを抱えているものです。

その方は実は奥様と20年くらい別居をしていたのですが、最近になって、また一緒に住み始めていらっしゃいました。当然長いこと別々に暮らしていたわけですから、生活のリズムも違えば、価値観も違うことが多くあるようでした。お話をお聞きしていると、それでもお互いに相手を受け入れる努力をしていたように感じました。

でもどこかボタンのかけ違いというか、引っかかりのようなものも、お話をお伺いしていて感じました。

そんな中、その方がこんなことをおっしゃいました。

「一つ納得がいかないことがあってな。彼女（よそよそしい表現をされていました）は、俺の家のお墓参りに一度も行ってくれないんだよ」

私は思いました。もしかしたら、お二人の引っかかりの〝元〟は、「お墓参り」にあるのではないだろうか？と。

それで一つ質問しました。

「奥様の家のお墓参りには、行ったことはあるんですか？」

お客様は少し詰まりながら、

「ないよ。向こうも（やっぱり、よそよそしい）行かないんだから」

私は言いました。

「私の会社でこんな言葉があるんです。『相手を変えることはできない。変えることができるとしたら、それはまず自分が変わることではないか』と……」

「そうだなあ……。痛いこと言うなあ」

たぶんその方は、ご自分でも気づいていらっしゃったのだと思います。

そして私は「本」をお贈りすることを約束して帰りました。

ネット書店で本を発注してお送りすると、数日後、次のようなメールがその方から届きました。

「川田修様
わざわざ早速に　鏡の法則　感謝です。溢れたのは懺悔の涙でした。平易で優しさに満ちています。ありがとう」

このメールを見たときに嬉しく思い、涙が出そうになりました。
当然、自分のこととしてではなく、その方のお役に立てたことでです。
私は今でもそのメールを、「ありがたき言葉」というファイルを作り、保存しています。
お客様と、顧客対営業で終わらせるのではなく、ご縁のあった、人対人の関係になれたとき、それこそ営業の本当の面白さの一つなのだと思います。

本というものは、ただ読むためのものではなく、人に贈ったりすることで、自分という人間を相手に理解してもらえたり、相手をより深く理解したりするものなのかもしれません。

って、普段本を読まない私が言うのもなんですが……。

本は、自分の人生観を伝えるもの

ご契約いただいていた保険が解約になったお客様がいらっしゃいます。私とのご契約を解約し、ほかのところから新たに契約をされました。それでもその後もたまに連絡を取ったり、お邪魔したりしていました。しかし、私の中には、正直言うと「壁」がありました。お客様のことを真剣に考えて設計した内容、と自信を持っていたのでかなりショックで、それを気持ちの中で引きずっていたのです。

ところが、ある日のこと。訪問してお話をしていたときに、その経営者の方と犬の話になり、偶然、私と同じ種類の犬を飼っていらっしゃることがわかりました。犬の話で盛り上がり、その方からある本をすすめられました。馳星周氏の書いた『走ろうぜ、マージ』（角川書店）という、愛犬が癌で亡くなってしまう内容の本です。

私も以前飼っていた愛犬を、癌で失っています。犬が死んだとき、わが家では、その犬をめぐってドラマがありました。本当に犬って、家族みんなのために、その命の最後の瞬間までいろんなことを与えてくれる生き物だな、と痛感させられました。

そんな思い出もあって、私はすすめられた本を一気に読み、感動冷めやらぬうちに感想文を書きました。年間3冊しか読まない私が、たった3日間で読み終え、しかも、すぐにその感想文を書いて、その経営者の方あてに、手紙を出したのです。

内容は、私たちのカズという犬がどれだけ家族に多くのものを残してくれたのか。

ここにその手紙を載せます。

犬好きな人や興味のある人は読んでいただいて、興味のない人は飛ばしてください。内容に支障はありません。

〇〇様
いつも大変お世話になります。

このたびは素敵な本をご紹介いただきありがとうございました。

『走ろうぜ、マージ』読みました。

一言で表すと、気持ちが揺さぶられたという感じです。

マージの楽しそうな様子、つらそうな様子、恥ずかしがる様子、最後まで目で、声で飼い主に訴える愛情表現。犬のまっすぐさや、深さに切なくなりました。

それを最後まで正面から受け止めた飼い主、最後に安楽死を選択しようとした優しさと、それ以上のつらさ。そんなつらさを選ばせないように逝ってしまったことが、違う形でまたつらさを感じさせます。

少し長くなってしまいますが先日「なぜジャックラッセルを飼うことにしたのか」とご質問をいただいたことに答えさせてください。

私事ですが、わが家にも「カズ」というシェットランド・シープドッグが家族にいました。実は私たち夫婦にとって最初の家族は同棲時代の「カズ」でした。犬を飼ったことがなく「将来シェルティーを飼うのが夢」と言っていた妻に、当時住んでいた板橋の近所のペットショップ「ばうわう」の人が「犬を飼ってマイナスは一つもないですよ。ただ1つだけ、飼い主より先に逝くのを看取らないといけないことだけは覚悟してもらわないといけないけど」なんて言われて、そんな実感もないまま、ただ可愛くて連れて帰りました。

その2年ほど後娘が生まれ、さらにその後息子が生まれました。

シェルティーらしく他人にはほんとに興味がなく、警戒心が強いのに、家族に対してはいつも一緒じゃないとダメな犬でした。どんなに遅く帰っても玄関で待っていて大喜びで飛びかかってくる純粋さにいつも私も癒されていました。

カズは最後の最後まで本当にいろいろな物をプレゼントしてくれました。

足の怪我の治療がきっかけで、甲状腺の癌だということがわかってから家族で会議をし、たとえ多少の後遺症が残っても手術することをみんなで涙しながら決めて（本当はみんなではないですけど、カズの意見はなかったですから……）、術前の検査のために入院させると、みるみる元気がなくなっていきました。後になって病気のせいではなく、家族のそばにいたかったのだということが、わかりました。

手術の当日、日本獣医医大から電話があり、「昨日の検査まで何の問題もなかったのに、当日の検査で白血球が少なすぎるため手術ができない」とのことでした。

妻から泣きながら電話がかかってきて、すぐに決断しました。「手術はやめよう。すぐに迎えにいこう」。妻も私も実は思っていました。「カズは、本当は手術なんかしたくないんじゃないか？　どんな状況でも家族と一緒にいることがすべてなんじゃないか？」そのとおりだったんです。そのために自らの体で「みんなから一時も離れたくない！」とサインを送ってきたんです。

家に帰るとどんどん元気になり、散歩には行くし、ご飯は食べるし、いつものように私の帰りを待って飛びかかってくるし、「あれ？　もしかして病気治ったの？」と思ってしまうほどでした。

そんなとき家族では「願かけ」をしようということになり、娘は一日一回必ず学校で手を挙げる、息子はリレーの選手になる、妻は一日一回必ず子供をほめる、私はジュースを飲まない、大きな声で「いってきます」を言う。と小さなことで少しがんばることを皆約束しました。恥ずかしがり屋の娘はそのときをきっかけに自信をつけ、今ではクラス代表に立候補するようになりました。

本当にこのまま何もかもうまくいくように感じられた秋のある日、午前中普通に散歩をしたその日の夕方から突然カズは動けなくなりました。歯茎が真っ白で……、極度の貧血でした。腎臓が悪いのは前からでしたが、まさか癌ではなくこのタイミングでこんな……。

夜中、苦しそうなカズを抱いて最後の散歩に妻と出かけました。「ありがとうね、ありがとうね」と2人でカズを抱きしめながら涙したのは、「まだ元気になるかもしれない」と思いたい気持ちも確かでしたが、もしだめなら「できるだけたくさんありがとうを言いたい」という気持ちが大きかったからだと思います。

その数時間後カズは私の枕の横で逝ってしまいました。

最期までみんなに心配をかけずに、ただただたくさんのプレゼントを家族の一人一人に残して逝ってしまいました。

子供たちが学校から帰ってくるのを待ち、家族でカズを火葬しに出かけました。

花をいっぱいに入れた棺が焼き場に入っていくとき、家族みんなで叫びました。皆同じ言葉でした。「カズ！　ありがとう！」「カズ！　ありがとう！」と何度も何度も叫びました。

電話や玄関のチャイムが鳴るとカズが鳴くんじゃないか？　家に帰るとカズが迎えてくれるとつい思ってしまいました。すべてに癖のようにカズの存在がありました。

ある日ペットショップに行ったとき、娘がガラス越しに１匹の子犬を見ながら30分ぐらい黙っていました。そっと横から覗き込むと、泣いているんです。そっと涙をこぼしながら。

それを見て私は決めました。皆言えないでいました。「本当はまた犬と暮らしたい。でもカズに悪いんじゃないか？」と。「カズ、いいよな。皆カズが大好きなのはわかってるよな」。そんな気持ちで私が「犬を飼おう」と言いました。子供たちは素直な反応でした。「いいの？」私は言いました。「カズはみんなが落ち込んでいるのを望んでないと思うよ。早く笑って欲しいって思ってるよ」と。

次の週末に早速新しい家族探しに出かけました。子供たちは犬らしくて元気で一緒に走れるような犬がいいね。パパは長く抱いても腕が疲れないくらいの大きさがいいな。私には何年か前に初詣にカズを連れていき、列に並んで１時間近く抱き続けてそのあと２日くらい手が上がらなかった経験がありました。ジャックラッセルなんて可愛いしいいよね。と話していました。

「そうはいってもなかなかみんなが気に入るような犬は見つからないだろうなあ」と思っていました。

ある大型のペットショップを目指して環状7号線の碑文谷あたりを走っていると、あれ？　こんなところにペットショップあったか？　というくらい、近所なのに今まで気づかなかった決して小さくないお店がありました。そこに寄ってみました。

「あれ？この店員さん（店長さんでしたが）どこかで見たことあるよなあ？」「あれ？あれ？　あれ？　エーー？」。信じられませんでした。そこに立っていたのは、カズを買った板橋の「ばうわう」の店長さんにそっくり、というか店長さんその人だったのです。事実は小説より奇なりです。本当に「双子」でした。板橋と碑文谷とで双子でまったく違う名前のペットショップを営んでいたのです。

初めて他人にカズの死について話しました。人にカズの話をすることで少し楽になった気がしました。店長さんは悲しそうな顔をして「もう犬は飼わないんですか？」と聞いてくれました。

「ジャックラッセルなんてどうかな」と思っているんです。「あれ！　そうですか。板橋の「ばうわう」で2週間くらい前にジャックの子供が産まれましたよ。見にいってみたらどうですか」。1時間後には10年前カズと出会ったペットショップにいました。7〜8年ぶりでした。

妻に「自分より先に逝ってしまう」と言った店員さんもまだいました。碑文谷と同じ顔をした店長さんは自分もシェルティーを飼っていたこともあり、カズのことを名前も覚えていてくれました。そんな店長さんに抱かれてジャックラッセルの赤ちゃんが2頭私たちの前に現れました。

皆そのうちの少し大きめののんびり動く１匹が気に入りました。私はすぐにその場で決めました。当然です。「早くたくさん笑ってね」とカズが導いてくれたのです。私が気になったことと言えば「少し大きめ」なことぐらいでした。

その日、家に帰ってみんなでカズに報告しました。やっぱり皆泣いてしまいました。でも今までのそれとは少し違いました。

名前は、これからたくさんの「ありがとう」をもらうことになるだろうということで、「サンクス」と名づけました。

私は妻に手作りのお守りを作ってもらいその中に「カズ」の小さな骨を入れて車のカギと一緒にいつも持ち歩いています。

「カズ」「サンクス」そしてその１年後にわが家にやってきた「グー」。３匹とも今までもこれからもかけがえのない家族です。ただ一つ気になっていることを挙げるなら、「サンクス」が長く抱くにはちょっと大きめなことくらいです……。

彼らはまた私たちより先に逝ってしまうことでしょう。そのとき私たちがどうなってしまうのかは想像できません。子供もカズのときとはずいぶん感じ方が違うことでしょう。でも逃げずにまっすぐ受け止め、「ありがとう」を言いたいと思っています。

長々と何を書いているのかわからなくなってしまいましたが、お許しください。

本来便箋に手書きでお手紙を書くべきと思いましたが、長くなることや思い出しながら書くためにこのような形をとらせていただき申し訳ありません。

ついいろいろと書いてしまいました。素晴らしい本に触発され思い出してしまいました。というより思い出させてもらいました。本当にありがとうございました。

〇〇〇〇年　〇月〇日

川田　修

後日その方から電話がありました。

「川田さん家族の犬への想いとか、本のワンちゃんに対する考え方がすごくよくわかった」と、とても感激しながら言われたのです。

結局、それをきっかけに距離が一気に縮まりました。

こう書くと、契約をしてもらうために、私がわざと感動的な話を手紙に書いたんじゃないか、そう勘ぐる人がいるかもしれません。

率直に言ってそういう気持ちは全くゼロだったかと言われると、そうではなかったかもしれません。しかし、そんなことよりも、同じ本を読むことで相手を知ると同時に、手紙を通して、私という人間を相手に知ってほしいとも思いました。

わが家の愛犬に起こった出来事や、私たち家族が感じたことにうそは一切ありません。私自身、その手紙を書いている最中に涙ぐんでしまい、どうにか書き終えた後は、妻と愛犬の思い出話をしながら、お線香をあげました。

この件で一番大事なことは、もしかするとそんなワンシーンを夫婦の中に作ることだったのかもしれません。

その後、そのお客様から新たに保険のご契約をいただいてはいません。

それでもいいと思っています。そんな経験をさせていただけたこと、勝手に私が作ってしまっていた「壁」を壊すことができたことだけでもありがたかったと思っています。

営業の面白さは、そんな人と人との価値観の共有や、そこから生まれる自分の感情の変化と出会うことだったりします。

そしてそれは、**仕事から少し離れたところにあることが多いものです。**

契約に結びつく場合とそうでない場合がある。それだけのことです。

子供ではなく、自分のための授業参観

営業は、お客様との飲み会や接待をしないと、仕事にならない。成績も上がらない。だから、自分は営業職には向かないのだ——そう思っている人が、まだまだ多いかもしれません。実際、お酒の強さを武器に仕事をしている人たちもいます。

しかし、自分はお酒のつき合いが苦手だからと、劣等感を持つ必要はありません。なぜなら、**私はご契約いただくために、お客様との飲み会や接待を一切しないからです。**

ですから、冒頭のような先入観で営業職として不利だと思う必要はありません。私は営業という仕事を、そういう目で見てほしくありません。川田にもできるんだから、自分だって、飲み会や接待なしで仕事ができるはずだ。そう考えてもらえれば幸いです。

確かに飲み会や接待を通して、契約に至るきっかけを作ったり、情報を収集したり、誰かを紹介してもらっている営業職も多いのも事実。それは私も認めます。

でも、それだけで成立している人間関係や仕事は、所詮、その程度のものでしかありません。本物の営業ならば、飲み会や接待をすることがあっても、それを明日から一切なしにしたとしても、お客様との信頼関係を保てるはずです。

もちろん、私がお客様と一切飲み食いしないというわけではありません。気心の知れた方となら、喜んでご一緒させていただいています。あくまで、**契約のために必要以上の飲み会や接待をする必要はない**と、私は考えているということです。

その代わり、週5日は、家族と一緒に夕食の食卓を囲んでいます。

それは「子育ては母親のもの、仕事は父親のもの」ではなく、私が「子育ては家族のもの、仕事は家族の支えがあってできるもの」と、考えているためです。

このような考え方になったのは、子供の小学校受験を経験したあたりからです。

小学校から受験をするということに、私は反対でした。しかし、ある大変お世話になっているお客様からのお話がきっかけで、素晴らしい個人塾の先生を紹介していただきました。そこから、いざ取り組んでみると、新しい発見や驚きの連続でした。振り返ると、自分にとって、本当にいい経験をすることができたと思っています。

子供にとって本当にそれがよかったのかどうかは、これから子供たち自身が決めることですが、私にとって子供の小学校受験は、家族や子供に対する価値観を変える、つまり私の人生観を変える、本当にありがたい経験だったと思います。

子供たちの授業参観や、担任の先生との面談にも、できるだけ参加するようにしています。たぶん、そんな父親はまだ珍しいのでしょう。妻と一緒に面談に行くと、担任の先生から、「今日は、何か特別なご相談でもおありでしょうか?」などと質問されたりします。

特に私が教育パパというわけではありません。

正直に書くと、別に子供たちの成績が気になっているのではなく、私は学校という場所が好きなのです。そこで、子供たちのために一生懸命働かれている先生たちの純粋さに触れるのが、とても心地よかったりします。いわゆる、ビジネスの世界とは違う、価値観や着眼点に触れることができます。**学校は、私にとって貴重な勉強の場所なのです。**

たとえば息子の学校の担任の先生に教えられたことがあります。

息子の小学校は6年間クラス替えがなく、担任の先生も変わりません。それだけを聞くと違和感を覚える方もいるかもしれませんが、長く一緒に過ごすからこその素晴らしさがあります。

その担任の先生が保護者会でこんなことをお話しされたのです。

「先日学芸発表会がありましたが、そのことをクラスのみんなが日記に書いてくれていました(宿題で必ず日記を書いていくことになっています)。みんな『練習したことがすべて出せてよかった』とか『練習と比べても一番うまくできたと思う』とか、努力の成果を感じていたようでよかったと思っています。そんな中でこんな日記を書いてきた子がいます」といって、ある子供の日記を読み上げました。

「最後に幕が上がって、会場からものすごい拍手をもらいました。一生懸命練習してきて本当によかったと思いました。でも残念なことがあります。それは、手伝ってくれた先生や、照明を当ててくれた上級生が、一緒に舞台で拍手を受けることができなかったことです。協力してくれたみんながいて初めて成功した発表会だったのに、それだけが残念です」

担任の先生が読み上げて

「私のクラスにこんなことを感じて書いてくれる子供がいることを、本当に嬉しく思います」と言いながら、涙ぐんでいたのです。

私はその子の日記の内容にも驚きましたが、何よりもそれを読み上げながら涙ぐんでいる先生の姿に、胸が熱くなりました。

仕事を通して嬉し泣きができるなんて、なんて素晴らしいことだろう。それは先生が仕事に対して責任を持って真剣に取り組んでいる証拠でもあると思いました。

果たして、そこまで真剣に仕事に取り組んでいるだろうか？

私は自分の仕事に置き換え、考えさせられました。

一番大切なものは何？

先ほどは、息子の学校の担任の先生に教えられたと書きましたが、娘の学校の先生にも、大事なことを教わっています。

娘が小学校低学年のときのことです。

私が見学したのは、『一番大切なもの』という絵本をクラス全員に配り、先生が一緒にそれを読み上げていくという授業でした。

その本は、見るからにもう何年も使っているであろう、年季の入ったものです。

「いちばんたいせつなもの、それは『おたんじょうびにもらった、ぬいぐるみ』」
「いちばんたいせつなもの、それは『いつもいっしょにいる、おともだち』」
「いちばんたいせつなもの、それは『だいすきなおとうさんとおかあさん』」

こんな感じで、いくつもの「たいせつなもの」がつづられています。

そして最後に

「でもほんとうにいちばんたいせつなものは……」

皆が読むのをやめると、先生がこう言いました。

「あれ？　みんなの本は、そこで終わってるの？　先生の本には『ほんとうにいちばんたいせつなもの』が書いてありますよ！」

先生は、にこやかに続けます。

「では一人ずつ、前に来てみなさい」

と、生徒一人ずつ前に呼んで、最後のページを開いて見せているのです。

それを見た生徒たちは、皆クスクスと笑いながら、席に戻りました。


私が「何だろう？」と不思議に思っていると先生が、

「みんな、『いちばんたいせつなもの』が、何かわかりましたか？」と言いました。

生徒たちが大きな声で「はーい！」と返事をしています。

「じゃあ聞きます。みんなの『ほんとうにいちばんたいせつなもの』は何ですか？」

すると、生徒たちはいっせいに答えました。

「じ・ぶ・ん！」


先生の本の最後のページには、なんと鏡が貼ってあったのです。

鏡の横に「じぶん」と書いてあった。

だから、先生の本をのぞき込んだ生徒たちは、クスクス笑っていたのです。

私は感動しました。そうです。自分自身を大切にできなければ、人に優しくなどできません。悲しいことに、自らを傷つけてしまう人さえ、世の中にはいます。

自分自身を大切に思うこと。これがすべての始まりなのだと、改めて思い出しました。

こんな当たり前で、「たいせつなこと」を、私はすっかり忘れていました。

この話のように、学校の先生のお話や、子供たちを通して感じたことは、そのままお客様にお伝えすることもあります。

お客様の奥様や、お孫さんがいる経営者との共通の話題になることもあり、家族との時間や学校行事に参加することが、ビジネスに役立つことも多々あります。

そして何よりも、**自分の価値観や人生観を成長させる、一つの貴重な機会でもあります。**

学校や子供たちと過ごす時間とそこから得た経験は、営業マンとしてだけでなく、一人の人間として成長させてくれる、私にとって「ほんとうにたいせつなもの」なのです。

一生の「手に職」としての営業

ここまで読み進んでくださった皆さんは、もうお気づきだと思います。

営業という仕事は、「物事を相手の目線で考える」究極の仕事なのです。

また、**人を相手にする、まさに人間にしかできない仕事です。**

そこに人がいて、サービスが発生すれば、何にでも生かせる仕事です。


実際に私が今までに勉強会を依頼されたのは、「ハウスメーカー」「車のディーラー」「広告代理店」「銀行」などなど、ほかには「税理士事務所」や「病院」さらには「ロータリークラブ」や「商工会」など本当に多岐にわたっています。

そこに人と人とが関係してくる仕事であれば、どこでも生かせる職業スキル、それが「営業」という仕事です。

そういう意味で、営業は究極の「手に職」なのです。


専門職ではなく、あくまで「手に職」です。だからこそ、何にでも応用が利きます。

資本主義社会が続く限り、モノやサービスを売り買いすることはなくならない。

つまり、何でも売ることができる営業は、究極の「手に職」というわけです。

営業という仕事の、真の魅力

私は営業という仕事ほど、創造的で自由な職業はない、と思っています。

一つ一つの出会いから少しずつ距離が縮まっていき、そこから感動が生まれたり、創意工夫しながら、自分で「物語」を組み立てることもできる。その過程ではときには俳優になったり、ときにはドラマの脚本家みたいな要素もあります。

その面白さは、実際に味わった人にしか理解できないかもしれません。

そして何よりも、多くの出会いがあり、そこから学ぶことで、**人として成長できる**ことは一番の魅力かもしれません。

自分は1つの人生しか生きることができませんが、仕事を通して知り合った多くの方々の人生から、さまざまなことを学ぶことができるのです。

人と触れ合う楽しさがあり、明確な目標に向かってのやり甲斐もある。仕事を通して自分を磨くこともできる。営業とは、そんなとても奥行きの深い仕事なのです。

そんな営業の本当の醍醐味を、少しでも多くの皆さんに知っていただきたい。それが今回、私が本を書こうと思った動機の一つでもあります。

この本を通して、営業という仕事がどんな仕事なのか、本当の魅力は何なのか、少しおわかりいただけましたでしょうか。

この本を手にしていただいたことを、少しでもこれからの営業マン・ウーマンとしての仕事に生かしていただければ幸いです。

ただし、**一番大切なことは、本の中ではなくお客様と皆さんの間にある**ということを忘れないでください。

おわりに

お読みいただいたように、私は今まで本当に多くの方々のご協力のもと、仕事をさせていただいてきました。ある時、とてもお世話になっているお客様に「いつもお世話になってばかりで何もお返しができません」とお話したことがあります。その方は今は70歳を超えたお医者様で、とてもお顔が広く本当に素敵な方です。その方に「お前が俺に返す必要なんてない。そう思うなら次の世代に学んだことを伝えていけ」とおっしゃっていただきました。

その数年後に出版社の方から「川田さんの行動や思っていることをもっと広く世の中に生かしませんか？」とお声をかけていただきました。

もし本当にそんなことができるならばと思い、本を書くことにしました。そしてその後も多くの方々に奇跡のように支えられながら出版までたどり着くことができました。

初めに声をかけていただいた木暮さん、そしてダイヤモンド社の担当の和田さん、このお二人がいらっしゃらなければこの本は世に出ていませんでした。秘書の宮本さんにはいつも意見をもらいながら原稿を進めていきました。また、原稿をチェックしてくれた後輩たち、支社長の武田さんや役員の一谷さん、濱田さん、蒼下さん、本社の広報の方々にもご面倒をおかけしながら出版に至りました。

そして何よりもこの本に書かせていただいた方々をはじめ、多くの素晴らしいお客様との出会いに恵まれたことで、今の私があるということを再確認することができました。

私の周りのすべての人たちに、改めて心より感謝したいと思います。

ありがとうございました。


そして家族。

私は人生の大命題を「次世代の社会を育てること」と考えていて、その代表が子育てだととらえています。しかし、長女の菜々子、長男の崇太郎には子育てをしているつもりが、親育てをしてもらっているようで、2人の子供の存在が私を成長させてくれています。

そして妻の真理子はいつも笑顔で、しっかり者なのにおおらかさを兼ね備えている尊敬すべき人です。そんな家族には感謝するとともに、その存在は私の誇りでもあります。

私はこれからも多くの方々に支えられながら少しずつ成長していきたいと思います。そして、少しでも役に立てるのならば、学んだことを伝えていきたいと思っています。

この本を手にしていただいた方々にも、何かお役に立つことや感じていただけることがあれば幸いです。


最後までお読みくださり、本当にありがとうございました。

写真は「日本で一番小さいNGO　トローバイク小学校応援団」というカンボジアの小学校を支援するNGO団体に2008年11月に筆者が息子と２人で参加した際のものです。実際の活動に触れて、親子ともども、さまざまなことを教えられました。この本の私の印税収入についてはこの団体に全額寄付をし、活動に生かしていただきたいと考えております。
残念ながらホームページなどはなく、もしご興味のある方は「トローバイク小学校　カンボジア」で検索するか、メールを代表者の中村さん（trobekelementaryschool@ybb.ne.jp）までお送り下さい。活動の報告などを送らせていただきます。

［著者］
川田修（かわだ・おさむ）
プルデンシャル生命保険株式会社　エグゼクティブ・ライフプランナー
1966年東京都墨田区生まれ。慶應義塾志木高等学校、慶應義塾大学法学部卒業。
小学校５年から大学４年までサッカー漬けの生活を送り、1989年株式会社リクルート入社。入社から退職まで96カ月のうち、月間目標を95カ月達成、部署最優秀営業マン賞を数回、また全社年間最優秀営業マン賞も受賞する。
1997年　プルデンシャル生命保険株式会社入社、営業職の最高峰であるエグゼクティブ・ライフプランナーに昇格。その年の年間営業成績（2001年度の社長杯）でトップとなり、全国約2000人中の1位のPT（President's Trophy）を達成する。
現在は、エグゼクティブ・ライフプランナーとして活動するかたわら、「保険」だけでなく「顧客満足度」「紹介入手」「テレアポの極意」などをテーマに、企業からの講演依頼も年に10回程度受けるなど、営業のプロフェッショナルとして多彩な活動を行う。
家族構成は、妻と長女、長男、犬（ジャックラッセルテリア）２匹。

この本のご意見・ご感想などありましたら、メールをお送りいただけると幸いです。
shiroi_hankachi@yahoo.co.jp（必ず全部読ませていただきます）

かばんはハンカチの上に置きなさい
――トップ営業がやっている小さなルール

2009年８月27日　第１刷発行
2009年９月18日　第３刷発行

著　者――川田修
発行所――ダイヤモンド社
〒150-8409　東京都渋谷区神宮前6-12-17
http://www.diamond.co.jp/
電話／03･5778･7236（編集）　03･5778･7240（販売）
カバー、本文デザイン―長坂勇司
撮影――佐久間ナオヒト（ひび写真事務所）
製作進行――ダイヤモンド・グラフィック社
印刷――八光印刷（本文）・共栄メディア（カバー）
製本――川島製本所
編集担当――和田史子

ISBN 978-4-478-00586-6